中庸催眠术

昌迦 ◎ 著

中央编译出版社

《中庸催眠术》内容提要

在佛教的五明学中，有五个科目，其中三个是与"符号学"相关的，占了半数以上的比例。它们是内明、因明和声明。用现代话说来说，也可以称之为"佛教认识论的语义学"。内明是基于因明和声明的佛教认识论，因明是符号句式间语义关系的语义学，声明是符号间符号关系的语义学。三者构成了佛教所专有的、立足于佛典的符号学完整体系。因此，符号学的研究是佛教里十分重视的传统治学方法，也被佛教人士习惯性地应用在文化间的横向比较的工作之中。

本书从集体催眠术的技术入手，分析了《中庸》其逻辑建模的方式。对比于龙树大师因明学逻辑形态的格式，来试图比较出孔子"中道思想"，与龙树佛教中道思想的差异性。阐释千年华语环境之下，两个不同文化体系下的诸多概念共用，又各为逻辑内涵的地域文化奇观。由于本书是对《中庸》一书全文的逐句点评，所以我将重点对孔子中庸思想，做逻辑与概念的分析，与以往人类已有的逻辑成就做现代判断。比如，某句所具的逻辑，孔子用了什么逻辑悖论的形式，它造成的非逻辑后果是什么，做一个归纳总结，以方便从哲学上把握住两者的关系。总之，这是一本通过形式逻辑，来议论中庸之道对人类产生什么影响的书，我希望通过这种开发，来回归唐代佛教学术繁荣时期的理性，重举起佛教因明学的思辨工具。并将玄奘大师引进的古印度哲思精神，导入已显成熟的西方逻辑成就。以达到古今中外各哲学运算工具的通用。统一在科学理性的因果关系之下，让现代中国佛教走出数百年的因明学萎靡，走向更新的未来，是中国佛教时不我待的时候了。此处分析《中庸》，只是我借《中庸》而主论佛学因明逻辑的开端，希望大家不要仅停留在嘲笑了孔子思想的逻辑是非态上，而应严肃地通过议论它，去重视华语环境中的逻辑严谨性。将严重影响我们日常生活与工作的科学性的这一逻辑意义的主题，进行易于理解的现代解析。只有习惯于严谨地对逻辑的归纳与演绎，才能让我们华语世界未来的哲学与生活，得到真正的发展与进步。当然，如果儒者也能从我指出的孔子的各类逻辑悖论中，找到改正思维悖论的行动方案，那么这本书在促进现代佛教的同时，也同样会对崇儒者有益。这是我所真切希望的。

这是一本有关"孔丘悖因"和古代巫术解析的书，借以阐述社会学意义上的集体催眠术，以及在它阴谋下的社会危害性。做为一名传统宗教的禅宗法师，我以自身的切身修行体验，为这种外人看来十分神秘的现象，做个初浅的探讨。我于"孔丘悖因"的提出，在很大程度上，也是来自于对这个社会现象的切身考察和思考，来自于我 20 年的禅定修持经验。

目录

一、引言
——巫术中的集体催眠术 ………………………… 1

二、序文
孔子与龙树 ………………………… 10

三、焦点中庸
1. 悖论的开端 ………………………… 18
2. "小世界"悖论式 ………………………… 28
3. "柏拉图-苏格拉底"悖论式 ………………………… 36
4. 二进制冲突的精神与物质 ………………………… 44
5. "孔丘悖因" ………………………… 52
6. "拓扑环带"悖论式 ………………………… 59
7. "双重梦"悖论式 ………………………… 73
8. 伪娘理论 ………………………… 79
9. 以柯伐柯 ………………………… 87
10. "蠕虫与橡皮筋"悖论式 ………………………… 94
11. "无穷倒退"悖论式 ………………………… 104
12. "理发师"悖论式 ………………………… 114
13. 巫诚 ………………………… 125

14. 加权配天 ··· 137

四、总结 ··· 159

五、附一
《中庸》全篇注解 ··· 172

六、附二
涉及本文的射影几何焦点透视学补充 ··············· 189

后记 ··· 193

一、引言

——巫术中的集体催眠术

神通,一直是古代巫术吸引群众的核心内容,曾是巫者们以领袖身份,组织社会群体最原始的政治工具。当然,做为有历史文化传承的宗教,神通也为各种合法宗教所重视和研究。佛教中,神通虽不是所追求的修行目标,但修行者在禅定过程中,也会触及这个内容,因为禅定修行的副产品中,具有产生神通能力的可能。这也让禅修生活,带来了几分神秘和危险。总之,我们在禅修中会与神通现象相遇,这是客观的事实。

体验神通,话要从我的师父说起。密参大和尚[①]是我佛门出家的剃度师父,也是我追随最长时间的修行导师。之所以说他是我追随时间最长的人,是因为在我不悉世事的成长年代中,他就一直在暗中观察和保护着我,直到我出家为僧。密参大和尚长期生活在上海,是一位在上海佛教老居士口中传有神秘色彩的人物。他在社会上的行动我了解得不多,不知他为什么事,在那个唯物主义的时代里,成了著名的神秘人物。从我个人的切身体会,他是行为上有神通的人。但是,他在生活中却总把自己隐藏起来,只用于特殊的教育里。并不是如古代人那样的用神通来组织行动,所以他又是很奇怪的一个人。

我虽没有跟他去学习密宗,当时我来到寂静园出家时,他的密宗教学已结束,并开始教禅宗了。但是由于我与密师父的上海之缘,我还是了解到一点他的神通。我在出生后不久,有两位幼儿园老师一直出现在我的身边，她们伴随我走过了在上海的幼儿园、托儿所和小学的世俗生活，可以说我搬到哪，她们就会出现在哪里。后来我出家，又在绍兴寂静园投奔密参禅师时遇到了她们，她们是这寺院的老护法。而她们只是好几位护法居士的代表，在上海我见过这样的奇事：读小学时，我正在听语文课，语文老师正在讲课本里的内容，讲着讲着老师就开始跑调，讲开了与课程无关的文字训诂内容的话题。猛然，老师从话中回过神来，把粉笔刷一抓冲出了课堂门，向着校墙外大声抱怨，指责外头有人在暗中操控改动了她讲课的内容。后来，我知道她是一位佛教徒，她的师父就是密参禅师。而我在后来的古汉语基础，就是这么在极特殊的环境下学到的。

另有一件事，我青年时代与一群艺术青年去武汉考学，在武昌的旅馆中遇到一个人，他让我现在想起来就是——密师父。虽然他隐蔽得让我总也看不到他的真面目，但是他却也要留下些漏洞的。他说是去武昌看徒弟的（我一师兄弟家就在武昌），他问我会不会做佛？我说学的是西方雕塑，是来考学的。于是他从包里拿出一把传统的东方雕塑小工具来，开始教我做佛像的工艺。并说学做佛像并不难，更应该学做佛。两小时后，他又说教会了你，你得叫我声师父。我说您的姓名和住址我还都不知，我如何称呼呢？他又说：这个事我要处理好了才走，你到时候要到这里看我。他于是说出了地址和姓名，叫我将来到宜兴去找徐汉棠，可是后来才知道雕塑大师徐汉棠并非是这师父。而当我去宜兴找到雕塑家时，密参大和尚此时正圆寂在无锡经宜兴去往绍兴的车上。

在武昌旅馆里，他说我将会再次来武汉的军事院校进修，我不太相信，于是还机智地向密师父要证件看，一时为难了他。后来，他借助着幻术想混过去，他从上衣口袋中拿出一个红本本（现在想来应该是个归依证）让我看上面的内容，却有意让我去'看'成了个工作证，我说照片还没看清时（其实那上面没照片），他有点吃惊地嘀咕道：不好！再看要出麻烦。便强行合起红本子收进口袋……他在第二天，就从旅馆里悄悄地消失了。

我在少年读小学的时候，常在白天，见到有几个人在我家楼下拿着锣鼓木鱼什么的，对着我闹。于是我就用小石子来投他们。这时，有一个人（依旧看不清他的面目）自称是"师父"的，找到我在蔽静处解释道：他们没有恶意，别怕！他们是来找你去出家的。然后教了我如何去拒绝别人用幻术影响我的意志，希望我未来的一切只是在自愿自主下行动……

当我24岁因为做居士学唯识无果，我想要出家，找龙华寺的明炀老法师请求出家。他却托人带话说我本不是他的徒弟，希望我去自己找到师父。一连数个寺院不收我，于是被介绍去绍兴的山中找苦修的道场。当我来到寂静园时，密参禅师以一句"哦！是你来了"，才结束了我上面看不清他面目的历史。密师父是一米八的个子，有着刚毅慈祥的脸庞。

我到寂静园后，寺里的师兄们开始在抱怨我的到来，他们说师父在我没来时说过：他将不久人世了，只是在等一个人来出家，这人来后他就要圆寂了。我只能在师兄们的怨声中默默的修学，这个过程是很苦的。白天要烧饭烧水打柴，晚上才能坐禅听师父开示到9点半，三年就这么过去了。我在寺里是没有什么地位的，密师父要我低调为人。他托老居士带话给我，他不跟我用嘴交流也可以做到说法。因为数次发现我去师父屋里，就有我们的师兄在门外偷听，其实只不过是些生活上的问答而已。更好笑，有一次老和尚把我叫进去后，暗示不出声，然后叫我突然去打开屋门，门外竟赫然师兄弟几个人在伸头偷听。于是我便被安排在离师父一壁之隔的外屋，说是可方便于师父隔墙教学。

密师父手上有一个普通的本子，他会拿出来看一看，他说上面有他去世后的一些重要事件。我当然是不知道上面记了什么的，他给我看过，只是些空白的页面。当他快去世时，还给我看过一次他"人缩小"的幻境。这是在上海他的寓所内，我们谈到了藏密大圆满法有关"虹化"议论。由于我没有想学密宗，所以他要给我一个特别体验。在几秒的时间里，竟让我感觉到他从座位上缩成很小，坐着如一尺的身高。当我在疑心面前境界的真假时，幻境消失他大小也还原了。他常手拿这个神秘的本子，对我说：你给我看看，我把未来说给你听。他明确知道自己死亡的时日，就是用了这个方法。

神通，是佛教专业的僧侣们在修行中常遇到的事。密参禅师的神通，也是通过修行佛法获得的。他这种神通，是可以用意识感应到当场别人的心思，也可以知道自己肉体消亡后的十数年的未来事件，但是他绝不能公布于天下。我有一次见到他说十多年后某地有大地震，他问我如何去说。

我讲千万不能说啊！人家世代都生活在那里，要说服人们都搬出来是不可能的。发布信息且是危险的。老和尚答道：是啊！这就是人的业力，我也无法救他们。我看到他的泪花在眼里湿热了…这是理性下真正的神通，它是一种不会违背普通社会规则的超能力。这似乎与语言交流无关的能力，它是人类之间脑波的能力？显然这已跨越了正常的时空。

  人类中少数人或具有脑波传递的能力，但大多数普通人还是不具备这个条件的。于是，巫术里有一种技术，让人产生特殊的幻觉境界。产生境界的方式有很多，最多的是一些药品的致幻，但致幻对象以无文化水平的情绪者为优，他们认为能思辩的文化人，是不能产生致幻感染的。致幻，就是人的思想产生了不太正常的那种感觉，它几乎是一种精神疾病。在中国农村里，还是存有这个巫术组织的，在南方叫"仙人"，在北方叫"大仙"。虽然地区不同，但思维水平都是处于底层百姓的无文化层次。这些人的表现与佛教僧侣相反，是把自己搞到幻境的程度，并用手足或语言表演的方式，来向旁人传递信息借以影响众人。所以这些巫者是属于自我催眠的人，他们会让自己随时进入迷失的状态里。过去古代的北方军队，用他们的迷狂表现来鼓舞战斗的胜利。虽然也能多少介入一些人与人脑波的交流，并且能以在场者未言的心底所知为资料，讲出在场者过往熟悉的往事，能让在场者信其神力，但对于未来的实事还是无能的。巫者在群众中的影响力，是十分混乱而迷信的。经常会因迷信乱说而制造出一些悖论性的恶性事件，比如常见巫者对人说：你要有难了，你会两年内坐大牢的，除非你如何如何做。结果，按照他说的做后，反而两年内坐了大牢！这就是一个很悖论的结果。人们为这种常出的自悖现象，感到惊愕。

  虽然，从本质上说，佛门的神通与巫者的通灵是一个人们未知的原理，但由于巫者在意识形态上与鬼神做了联系，所以高僧从禅定中所收获的副产品神通，在哲学信仰和运用上是与巫者相反的。高僧只认同以佛教教理解释下的生命因果关系，而巫者却大多将其归于鬼神的上身，如果佛教僧侣的态度是对的，那么巫者反向的运用而导致因信致祸的悖论结局，便是必然的。

  我于上世纪80年代在寂静园修行时，密参禅师还演示过一个因预见的提早行动而遭致果报的事件，这个事让我们白吃了不少苦头。一天老和尚私下对我们说：社会将要出大动乱了，到时火车运输都会停掉，库房快点买米藏起来吧。于是我们从山下买回了一担担大米，整整藏了一屋子。为了防止老鼠偷吃米，又用铁皮做了几个围子。结果米在里面又开始生虫了，还得每月全部都倒腾一下，以防生虫。几个月后果然是政治动乱了，当时社会上的确也有生活物资紧张的情况。但山下的情况也并非预想的这么糟，那些仓储大米却在水气很重的深山环境下，开始发霉了！于是，我们全寺院又吃起了整半年的霉大米，动乱必竟很快就过去了。所以说，神通预言是不足以指导未来的，因为它同时会混入个人感情因素和个人的价值观，造成现实决策的失误招来对自己不利的果报。当然，这只是高僧在精度上的失误，如果换成是巫者的失误，可能就会是因果上倒置的失误了。所以我在此要代密参禅师向大家传递一句话：修行千万不要去追求修什么神通，小心走错了道。这也是他当年在绍兴深山的禅堂里，对我们不止一次的教诲！

我师父生前在宗教教学上示现的神通，从广义上讲的确是对催眠术原理的应用，好比凸凹透镜物质下所观察的世界，它只是时空的浓缩但不变形。巫师们用的跳大神之类，则属于典型的自我催眠术，是类似于不规则透镜下所看到的变形世界；而另有一类催眠术，称为集体催眠术，类似于对身心讲究"气"、"放松"、"无我"追求的类宗教行为，广义上也是属于集体催眠术的归类。集体所共"见"的种种精神虹彩，是类于观察三棱镜所现的五光十色。与讲"觉悟"下的佛教神通感应，以及"迷糊"的巫术跳神不同，集体催眠术是用于对团体人群进行精神洗脑和精神控制的，是政教合一的东西。

巫者会迷失在不正常思维中，来图以获得他人所不能的超能力。由于思辩能力的缺陷，他在为他人提供信息时，要么是因果混乱的，要么是因果颠倒的，总之显现了不明因果的行为导向。看到现代社会里的官员们，总有个别喜欢偷偷的到农村巫者那里去问仙，这些人做了政府官员真是百姓的不幸。他们自己没有应有的自我思辩能力，还要去请巫者为他们出主意解决问题，政权交给他们是十分危险的，因为这些人把高级轿车停错了地方，把迷失思维者当成了智者。

漫长的历史进程里，巫者的功能曾被原始政权利用于部落组织行动中。我们知道，中国奴隶制社会的商代和周代，都有巫者在为朝廷实施与天地鬼神交流的祭祀活动。祭祀是奴隶制社会所用的神秘仪式，是用来控制人群思想方向的类政治活动。其活动或以奴隶主背后操纵巫者的方式对民众进行，或巫者以神迹欺骗奴隶主和社会民众。总之巫者能出奇表演出未见过的过往事件的神秘性，让人以为他是有与天神地鬼交流的特殊能力。

天与地是中国古代重要的信仰对象，从自然科学来讲是大自然天地间的变化与人的活动息息相关。中国历史上的历次政治变局中，巫者会扮演向民众证明造反者具有天地指认的王权，但是王权的拥有者制定的法典，只是利用了巫言而并非让巫者专权于政。从这个意义来说，巫言与王法之间是分开的。河南殷墟出土的大量龟甲文件，就是巫者为朝廷卜卦的遗物。由于殷朝晚期重巫，导致了政权的混乱，最后被周朝所取代。周朝虽以巫的形式用八卦建立法典《周易》，但《周易》正文里少有巫言的干涉，更多的是思维法则里的事件判断。天地在思维法则里，只是自然界的现象而已。但是将天地视为神明鬼魂的载体，却是巫者神论思维的必然。到了周朝晚期，巫者的地位又提高了，他们掌管着祭祀与民俗，又进而以方士的手法，向人们提供各种成仙的方法。方士的早期人物，就有彭祖这样的淫秽御女术，以及托名黄帝发明的炼丹服食养生类的东西。这个方士的神仙术，在孔子以后曾成为操控朝廷谋求财富的手段。秦汉时期方术的盛行，从宫廷成员到民间文人都热衷不已。秦始皇因为方士徐福以为皇帝寻仙山为名，骗得大量财物人员后海外出逃去了日本，引起了始皇帝的恼怒。于是抓了4百名术士来判刑，并把这些术士的书籍焚烧了，史称"焚书坑儒"②。焚书坑儒事件的发生，说明当时这些术士就是些儒生。只不过他们除了做卜卦通灵的儒家传统巫术，还做着访仙求药之类的巫事。

到了汉代，这些儒生重新得到了新生，独尊儒术以罢黜百家的方式，让方士的求仙活动得到宫廷的认可。闹得严重的，更在朝廷后宫里，女人们也互相用巫蛊施术搞内斗，一片乌烟瘴气。儒家扮演巫者身份的来历，据说与"儒"的起名有关。儒在汉字中的原意，即为"雨天之人"，"需"下半部的"而"字，实为"天"字的古写。儒者，在孔子以前是专管祭天与求雨的神职术士，是祭坛的祭师。当然，孔子改造了儒的功能，他把宫廷所有官员都归为儒家来培训和提供，这显然大大超出了儒者原来在周朝所拥有的职能范畴。由于范畴扩大后的需要，孔子推出的有关做官道德的"中庸术"，才有了汉代《中庸》的编辑成书，以适应术士干政的急需。汉代是历史上"中庸术"官方传播的开始，也是全社会都疯狂追求神仙世界的开端。从遗留下来的出土美术文物来看，其规模也是空前的。儒生与巫者，虽然都是术士，但儒生可以说是立志于从政的高级术士，而民间巫者就没有这么高的理想了，他们只是图个骗钱而已。汉代仙术的风行，让儒家没有预料到的是佛教文化的乘势而入。由于佛教僧侣当时也以神通游戏吸引喜爱仙术的中原人，所以佛教快速地传播起来。特别是浮图澄这样有神通能力的佛教高僧的到来，让本土的方术显然处于下风。佛教的核心理论是反对有神论思想的，但它又偏爱以有神论形式向社会传播，所以佛教与儒家在宫廷里的斗争变得十分紧张而诡谲。以至于如后世的韩愈等大儒，也一直钳以佛教拥有神化的外表，做出攻击性的话题。这只不过是斗争手段上的事，儒家的有神论核心也决不能让后世的儒生，去化为真正的无神论者。当然，文化不高的僧人也可能是有神论的俘虏，这是环境上佛教淡化的使然，在此不论。巫者的精神错乱是一种异化思维态，这是巫术最基本的技巧，用于自我催眠的意图来自于要获求通灵。异化的可能，无非来自于外部与自身两个方面。从孔子在中庸术的阐释上看，儒家与巫者除了求官欲望上的不同，还有意识上诱发异化手段上的区别。儒家的异化诱发是被提纯了的"阴阳"理论，用来代替了巫者的感性错乱。主动异化与感性异化虽在错乱所造成的颠倒上是结果一样的，但主动的异化过程看上去更为冷静。被异化的思维态，对于巫者与儒士来说，乃是其具有催眠术的功能而被他们所用。不论巫者还是儒者术士，由于技巧上放弃了应有的逻辑严谨性，以之得来的异化思维态中，人的行为逻辑性便会很差。而代之的是过份热忱的信仰，不顾逻辑理性的行为疯狂。从客观上讲，一位逻辑理性极强的人站在他们面前，都会阻碍到他们异化思维态的发挥。

所谓的催眠术，无非是对人制造出思维错乱的定向格式。用感境追求或概念模型的方式，诱导自我和他人进入迷失状态中。"催眠术"只是外来术语，它的本意更近于"意志的迷失"，是讲对人做出放弃正常自主意识的诱导，而只以潜意识的欲望做为行动的方向。

儒家所主张的修身，是实施的一种自我催眠，是异化自身原有意志的过程。他的通灵与巫者不同之处，在于巫者通的只是鬼神灵，而儒家更要去通君臣政治意义上的灵，或称"配天"。所以，儒家的思想实是政坛上的一种巫术。

使用政坛巫术的儒，它的追求是用儒家道德感化的方式，来对社会做集体催眠的功能，从而让社会人群迷失正常意志，以达到政治治理的目的。凡是玩催眠术，就必有个诱导进入境界的过程，儒家也一样。儒家的修身是属于生理式催眠术，而它关于教学与参政上的治国，属于暗示式催眠术，它们都是用异化了的思想去影响原有思想的巫术。我国从孔子时代开始，政治化的巫术运用已有两千年以上的历史了，人们匍匐在这种与神灵相交的自我异化下，一代代人在自我催眠中混混沌沌地生活着。直到上个世纪洋人坚船利炮的隆隆炮声不请自来，才惊醒了敢于质疑儒术的少数国人。

催眠术的技术有两个方面：它们分别是"互动感化"与"悖论运行"。借共识的概念来感化人，再用悖论运行来改变人。"互动感化"是借用"道德感化"的精神力量，来达到影响对方原有意志的目的。当然，他的道德是与对方有互动感应条件的，催眠最好的感应条件是加以欲望的纵予。人类从小到大对生存保障的希冀，是人生欲望的基本内容，被认做是人最潜意识的东西。所以孔儒专以"孝"做为催眠条件的基点，便几乎无人能看破他的诱导天机。

悖论运行是催眠术最核心的东西。它把一个错误逻辑的"思想"，用模糊态的表达方式，做出了伪"必然"的确定，从而产生出所谓"优秀思想"的诱发。儒家拥有概念与悖论双重的催眠术特点：概念上给一些术语，加以专用化的解释；悖论上是用一个个术语，建立起非逻辑的模糊态，并用了某个术语做出加权定位，从而制造出了强大的催眠境界，它与巫者所不同的，巫者自我做催眠后，演给有自主意识的旁人看，而儒者更是催眠了旁人，让包括自己在内的所有人，都进入自我的迷失状态中。所以，祭坛巫者一般只实施个体的催眠术，而政坛儒者则更擅长于实施集体催眠术。

破析儒术若从常规的术语概念入手，在历史上几乎都是失败的。因为催眠互动中的概念很难加以抗拒，语言它具有模糊两可的特点。所以要揭穿儒术的内中阴谋，当从逻辑入手查它的悖论与否。一般来讲，催眠场合中一但被发现到了悖论存在，催眠也即会当场失效。如同大梦中的觉醒，你又重现自主意识了。所以佛教传播的是如何从被世俗催眠中醒悟过来，让每个人自己做自己的主人，这是佛教的真正目的。

　　美国催眠师奥蒙德·麦吉尔曾指出：在催眠状态下，人会放弃大部分自主性，行为也能不再受自己的意识控制。但前提是催眠术师所暗示的内容，不能抵触被催眠者的道德思想，方才可以获得控制权。不然，对方会抗拒暗示或直接从催眠状态中"惊醒"。[③]所以，在集体催眠的技术中，有着道德建立和新思想教化传播的需要。儒家在政坛上的集体催眠行动中，即是专以"道德"的先期培训，来完成控制他人后期行为与自主意志的目的。

　　中庸是儒家用于实施集体催眠术的思想工具，我将在后面拿《中庸》全文，对全书文章的各自然段，用原文—译文—分析—总结这样的格式，一段段的地析给读者，让大家看清楚中庸术的集体催眠机制，以揭穿它的机理方式。这里我想揭示出一个道理：在催眠师眼里，道德——道德倾向是最好的催眠剂。而集体被一起催眠的最佳环境，是建立起了道德狂热的氛围。本书虽非研究人的超能力专著，但是由于中庸思想与它有催眠术的学术关联，故而以它做为本书引言，便于区分并导出集体催眠术的主题议论来。

[①] 密参介绍见天津社会科学出版社 1999 年 1 月版，朱关甫著《绍兴宗教》第 152 页。
[②] 详见于《史记》。
[③] 见奥蒙德·麦吉尔著《催眠术圣经》。

二、序　文

——孔子与龙树

  本书是利用符号学手段，以研讨《中庸》为其目的。故而对逻辑格式与概念符号的推演与归纳，是我们从古籍文本上获得信息的必然工作。同样，对古代典籍如《中庸》这类的研究，也必须细究句式的概念与逻辑这两方面，以期达到无误判定它的实际与相状。只有这样，才能获得借鉴作用的内容。所以，我也将从逻辑和概念这两个原文所提供的素材上，去开展对《中庸》的全文，做出逐一分段的研讨。

  孔子，生于被鲁国收容的一户宋国没落贵族家庭，父亲名纥，字叔。叔梁纥是以勇力著称的武士，孔子是其第二妾所生。孔子早年丧父，家境衰落。青年时管理过仓储，还管理过牛棚。十五岁立志于学，三十岁开始了授徒办私学的生涯。五十岁前曾数度想去鲁国的叛军中当土匪未果，五十一岁入宫当了鲁国类似市长和司法部的高官。在孔子任官的第一个一百天时，把十年前先于他办学的竞争对手少正卯，抓来诛杀了。一年后，因发动镇压鲁国三座富裕新城的事件，引发鲁国百姓所厌而被迫下台，最后开始了颠沛流离游说列国的求官生涯，但从没有被任何国家器重过。六十八岁才回到亡国了的鲁地，但依旧不能被已属齐国的鲁人重用。公元前479年孔子以72岁卒，葬于鲁城北泗水之上。[1]

  《中庸》一书编辑者子思，是孔子的孙子。读书是有关孔子重要核心思想的言论汇集本，成书于汉代。

中庸的"中",是不偏不倚的意思。在甲骨文中,这个中被写成两端各有旗帜的长木棍,中部有个调节平衡机件或为双手②,这可能是一种横放的双头旗子吧?总之,它的使用中部是要调节平衡的。"中"在甲骨文里已被写成竖过来看的样子,这是"中"现在看到的最原始出处。所以这个"中"是以"权衡"为实意,具有操纵与把握两端的意思。如图所示:

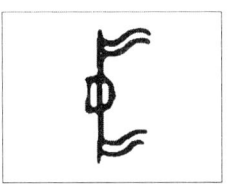

运用"中"来表达 a 事件的 1/2 处,这是一个数学性的结构。早在《周礼·春官·大史》一书中就记载,两个节气之间的中端,就是"中气"。可见,"中"的数学结构,就是指某事内部的"调节"而已。

有古人说:"庸"是'不变易'的意思。真的是么?要论这个庸的最早出处,也见于《周易·乾卦》的"庸言之信,庸行之谨"之句,这是孔儒学者写明孔子亲手所注之文。其意在原注中,明确写为"运行"义,意为"运行语言讲语言的信誉,运行行为有行为的严谨……"可见"中庸"是一个"谓语+宾语"的结构,谓语的"中"也是动词,而宾语的"庸"是状态词。所以它不是"不偏不倚"义,"庸"非"不变易",而是反之的表示为"行动"。

另外,我已注意到,中国当代南方某些地方语中,尚还有古代"庸"的生活口语使用遗痕。比如讲"别做动弹",其音即读作"莫庸",庸是

偏离状。孔子为他的理论起名叫做《中庸》，意为如何把握动作的方向，是表明一种专讲"人心束缚"的技能，用来束缚君子的宫廷社交行为。所以，中庸译成现代语，即是"把握行动"。

《中庸》在后面还解释到：当喜怒哀乐的情绪还没有发作时，这里叫做"中"。我用双头旗比喻，两端的旗布，还没有因为一端风起而产生不平衡，这时的旗杆状态就是"中"。或因旗帜不平衡后，被旗手加以左右调节得到新的平衡，这也叫"中"。所以儒家讲的"中"，是把握平衡的意思，又称折中。所以，有人认为中庸是平衡术。据说亚洲的一些小地方，比如现代的日本列岛、韩国半岛、台湾岛的文化中，中庸还是他们一个很重要的为人品德。所以，把中庸看做亚洲区域屿岛夷民的社会心理特色，也有利于从文化上真正的了解把握他们。

中道，是佛学术语，它是法相—唯识学说的大乘佛教核心理论。在佛教历史上，对这个理论，具有举足轻重影响的古印度人物，是被后人尊为八宗共祖的龙树菩萨。其对大乘佛教在中国地区的哲学传播，具有十分重要的文化贡献。

龙树是印度佛教中观学说的开创者，他综合了印度大乘佛教经典的早期理论，曾将佛教的"性空"理念，加以更完整的阐述。他这个"缘起性空"思想，最终成为大乘佛教的核心基础。龙树菩萨建立了大乘体系，使大乘般若性空学说传播到全印度。其著作被我国姚秦僧人鸠摩罗什介绍到了中国，成为中国佛教各宗派的共同理论基础，龙树因之而无愧为中国的"八宗共祖"。所以正确理解龙树思想，也即等于在完全解读中国佛教的核心理念，也即可分清佛学与儒学，它们在历史上共用了同一种语言时产生的文化干扰。不同哲学范畴下，常显出字同义不同的可能，中道与中庸的哲学矛盾就是典型。龙树的哲学思想，随着中国佛教向邻国的传播，在朝韩、日本和越南的意识形态领域中，具有持久的影响。可以说，东方思想史上，那些汉传佛教的禅宗、天台宗、贤首宗、三论宗，藏传的密宗，以及传往日本、越南、朝韩的佛教，都有来自于龙树的恩泽。只有当代的印度人，已在无知中早早的把他忘弃掉了。

龙树菩萨，一生论著极为丰富，如：《大智度论》、《中论》、《十二门论》、《空七十论》、《回诤论》、《六十颂如理论》、《大乘破有论》、《十住毗婆沙论》、《大乘二十颂论》……故被誉为"千部论师"。龙树大乘缘起性空说，是空宗哲学系统，即后来所谓中观派哲学。其核心部分是论世界观的"缘起性空"、论思维逻辑形式的"三谛"，还有论概念学的"八不"辩证模式。我们文中将要议论的中道，就是其中的理论之一。他是一位著名的逻辑大家，因明学逻辑贯穿于他的佛学之中，曾堪称具有一统古亚洲思维规范的伟力。

龙树菩萨与孔子不同，龙树一生都著书不断，而孔子据《论语》所言一生只是"述而不著"，没有写过一本书，生前只是改编了一些前人的东西，比如《诗经》《春秋》等。孔子所传下的诸多文辞，包括这本《中庸》，都是后代儒生给搞出来的，《中庸》是孔子的北方学派领袖子思所辑，子思是孔子血缘传至汉代的裔孙。我们从孔子的一些言论记录中，看不太到严谨的推证过程，反之见到的多是粗糙的举示方式，不是训斥就是歌咏或利诱辞，几乎随意得很，少了点语言公信的严谨。这不能不让我们怀疑到他的主张成份中，究竟有多少在讲科学思维的认真二字。因为我们知道：思路上有"心病"的人，也普遍会出现巨量语言逻辑上的漏洞。而以龙树为代表的佛教大乘法传承，正是迎着解决人们的逻辑周遍与周密性而来，逻辑即"心"。所以佛教在古印度与中国，被古人称做医治众生心病的妙方。

好在，中国人自古更重视自己思维上的历史缺陷，积极地将大乘佛法保存了下来；印度古人的后代们，则反而得了健忘症一般，走向了类乎中国没有传入佛法前的祭坛神训里去了。印度人拿走了似于中国人原有的神训，重又搞起了有神论的思想统治；而中国人欣获了印度人的古因明学逻辑，扔掉了部分的自身鬼神愚迷，产生了唐代文化思辩上的新繁荣。此刻，比之孔子时代百家对孔儒的争鸣思辩努力，更多出了逻辑工具的规范化。唐代的玄奘大师，正是亲身深入印度学法，并是首位归国完整推广因明逻辑的代表人物，他创立的"法相宗"，正是尊崇佛陀为本师、龙树为初祖，是以规范概念与逻辑的传承为思路，所建立的唐代新兴修学法门。大乘因明学逻辑，源于古印度的佛教，它的功能在于是"考定正邪，研核真假"的方法工具。所以成为历代中国辩证学法的重点，其高深之处，更有各派禅宗的法理之妙。若不在因明学上先有体悟，实不易获之。

  一说到"中道"，不论何地，古今的国人学者，皆不可避免地会联想到孔儒的《中庸》。中庸与中道，被国人混同许久了。自从孔子把中庸做为儒生的人格要求提出后，在春秋过去不久的战国时代，就有儒生在《周易》"象辞"、"彖辞"的注解中，把中庸称之为"中道"了。"中庸"在孔儒这儿，它也被称之为"道"。所以，有人以为中道和中庸，是一个样的。其实不然，中庸与佛门中道，并不是讲的同一个内涵。它们，一个是佛教大乘觉悟之道，另一个是儒家特质的做人交际之道。从传统中国哲学上讲，中庸是世间技能之俗法，又叫"世间法"；中道则是反之的，它是出世间之圣法，称为哲学"出世法"。而且，从范畴上，中庸是儒士社交行为意义上的事务技巧，与佛法无关。佛教中道，是佛教哲学的范畴，非社交技术，是归属于大乘哲学出世之道，仅用做内部哲学各类术语嬗变时，其间逻辑形态上的理论辩证，内容也根本与社会交际不沾边。大乘出世法的中道，提供了"解脱束缚"的修行方法。而孔儒世俗法的中庸，则反而向人提供着某种技能来束缚人。所以龙树传播的佛法逻辑，亦是个破解儒缚的工具。以下我们就开始通过对《中庸》全文的分段分析，对《中庸》思想中的概念与逻辑做研讨，以解释中庸与中道在各个细节上的具体不同。

  下面我们将要用到的分析工具，有现代经典逻辑三段论、古因明学[③]逻辑五支法、射影几何学焦点原理下的素质数方程。下图为射影几何学两平行线的焦点原理示意图，它将以归纳演绎的方式，来涉及本书的大多数内容。熟悉它，或可以为我们打开一扇新的逻辑之门，这是一扇让我们能辨别语言素质真伪的门。也包括对中庸语义的真伪，进行有意义的判断。

应用思考（之一）：

龙树大师是提倡佛教大乘中道教义的祖师，也曾是能在现实生活中娴熟运用催眠术的术者。龙树"大乘中道"理论，与孔子"中庸中道"理论的根本区别，通过对催眠术思维的一系列探讨，可以让我们看到它们在社会与人文方面的深层次的意义。

有人以自己为民族一方的感情理由，总不免想说些为孔子护短的话。但这里只涉及要做的哲学比较学的课目，不得去讲人种诸文明的优劣，只谈某个特定人物的思维科学与否。孔子与龙树，一个中国古人，另一个是外国古人，在思维科学上论两人，并不存在人种优劣的问题，所以不必见题而紧张。从科学角度去看这两个标本，我们只能取其中最科学的为正确，不会顾及这两人是什么种族。民族情感我也能理解，但人类的科学原则更是重要，所以即使我们已崇拜了其中的某人，也不该去放弃科学的理性。理性即应是科学思维，而反之的麻木冷漠或人种狂热则是不科学的。我们应该承认这一点：人种虽有中外，但大脑思维上的科学与否，则是完全一样的原则。这本书不是讲民族优劣，也不是讲古今是非，只以古人特定事例为范例，专讲大脑思维的科学性。

本书将要解决的一个论题是，把千年长被人们双重误解的孔子的中道（中庸），与龙树的"中道"加以分别分析并做出比较，我们未来能够继承古人的科学文明，抛弃已腐朽了的古文化；对两个典型的哲学标本做分析，做个平和议论的尝试，以期去收获科学思维方式上的现代总结。

我们大陆的新文化，从上世纪的四十年代末开始，对旧传统文化进行了改造，儒家特色曾经被淡化了。之后所显现的社会也比较清廉，人们良心普遍也好。可是进入八十年代复兴儒家传统以后，人们的道德开始出现问题了，地沟油、毒大米、毒奶粉、毒鸭蛋、毒猪肉，一年比一年闹得凶。大家为了私利都开始不择手段，买官卖官行贿受贿、贪污腐败、娼妓盛行成了这些年时代的最大特色。没有了儒家文化的时代，社会公德也不缺；在全社会提倡儒家文化后，这些污浊的东西都堂而皇之地出来了。你说这是钱多钱少造成的？不！与钱无关。中国二千年儒家主政的旧风俗里，没钱有钱的各时代，都流行这些污浊的文化。如今它又再翻腾，显然是人们头脑中的儒家思想在起作用。儒家文化中的那个"淫毒"的心态，是公德下流行着口是心非的主因。

　　如果认为中国大陆的实验数据不够典型，那么我们还可以去看看被世界称之为儒家礼仪之邦的日本吧。这个大陆现今的'新品德'，不正是那个日本、台湾的'小岛品德'吗？是的，刚过去的日本核泄漏毒水排放事件，那些个儒家文化的鼓吹者，不也把日本标榜为是继承了儒家文化的道德国度吗？可是他们也不顾周边国家人民的安危，不顾自家本土未来生活的癌变和怪胎，在向海洋排放核毒水！比较一下共同的儒家环境下所做的共同恶业，也就丝毫的不奇怪了。当然，小岛的政客们还是认为大陆做得不够，他们要处处影响大陆。就说日本吧，那个核电站的东电公司的高官们，就是典型的儒家文化鼓吹者，美其名曰"企业的社会责任"。他们每年花大量的时间精力，来中国搞企业文化的民间活动，希望大陆各企业都去学习他们的儒家文化。台湾政客更是卖力地宣扬他们儒家文化的纯正：台湾是世上保存儒家文化最完整的地区！很好，塑化毒剂就马上证明给世人看了。毒性是药理的我们看不清，但塑性则是物理性的，立马有美观与否的直觉评价。儒家文化也是塑性可见的，毒性与否，要待毒性发作以后才能评价了。

　　现在，在我们广袤儒家地区的台、陆、日，都出现了受持着儒家道德者人为的投毒产品事件，而非儒家的地区却没有这些无良事件，这还不能说明问题么？眼镜哥、豆芽兵是个中庸道德政治体制成功的教化，全民的女性化倾向，又怎能没有服食了三十年塑化剂的功劳呢？

　　这次日本地震海啸核泄漏的事件中，我们可以清晰地看到日本人的儒家愚形。他们的政府在媒体宣传上十分精心的伪饰，远比参加实际救灾行动要花心思，这是儒家极"佞"的体现之一。他们的政要人物，可以在事件发生了半月之久，都不会出现在事故现场。他们的皇室人员半个月内从没有出京一步，跑去看望一下自己的受灾子民和国土，儒家传统的官僚气息十足。中国对日救灾物资到岸，他们竟不愿协助卸货也不愿运输救灾，反倒刁难外国人自己去发放物资，官员们仿佛显得事不关己起来，如此的冷漠而自私。更为冷血的，只图为了保电站的财产，对冲洗电站的污水不加保护，任由核尘的污水径直流入了大海，给以渔业为生的各国海岸城市以严重的生态打击。这种可恶行径，与孔子为保少数落后的贵族利益，发兵在鲁国堕毁三座新城有什么区别？这种自己过不好也不顾忌毁损他人利益的做人态度，对儒家来说很典型。

癌变、怪胎、大头娃娃、男人女性化、四肢发抖……

是毒性在发作了，成功儒化人类的终极现象，如此地显现着。人们意识上制造出的淫毒，常以自我悖论的方式行事，总是习惯于言善而行恶，复又在淫毒导致的苦难临头时，更又加重这种淫毒，实行着悖论的轮回。

基于以上儒家文化下出现的恶例，我们很有必要拿出儒家思想核心的《中庸》，一字一句的来分析它，究竟内藏有哪些悖论格式，在如此影响着社会的公德，这是个十分有意义的事。

---

① 内容详见拙著九州出版社 2010 年版《论语镜像》一书。
② 详考可见中华书局 1982 年版，中国社会科学院考古研究所编辑的《甲骨文编》一书。
③ 因明学，佛教的五明之一，是佛门关于思维逻辑研讨与辩论的学术，相当于佛门的逻辑学。

三、焦点中庸

1. 悖论的开端

有儒者,找了高僧一起喝茶。阳光下茶杯中的液体白气袅袅,儒者指着壶中的佳茗说:这可真是上天给我们最好的饮料啊!高僧却抚着白须长髯,喝了口茶,说:不!这不过是你大脑的一个妄心看法。茶之所以成为桌上的饮料,只与我们与茶的物质因缘相关。你与我能有在一起喝茶的缘分,只是缘于有我来喝茶、有了种茶炒茶的人、挑水人的劳动成果、有这陶壶点茶,有了杯儿盛茶罢了,与那个"上天老头"的什么命令并无关。"没有上天这老头儿么?"儒者愕然。于是,一时也不知这个儒者是该拜高僧,还是该拜茶了。

《中庸·第一章·1》**天命之谓性;率性之谓道;修道之谓教。**
(译文:天帝给予我们的命令,叫做性;我们遵循着这个性,叫做道;修行这个道,叫做教。<1—1>)

● 这段是中庸的开篇总述,后面将分述他的概念术语点与点间,线式理论上的各单元。

评曰:
这段句子,依循原式顺序去理解,句式表达似显得十分洪大,但类似这种语境的设定，多少有些从主观想象入手的嫌疑，缺了客观论证。权且认为这个主观设定的"天教之道"是对的，我们也可以看这个句式逻辑，其中含义是否科学，显现了科学的，才是可行的客观存在。理论说得逻辑的，通言才被认为"它是很讲理的"。

这段"天命之谓性"不能译为是"人的自然禀赋叫做性"，这样会伤及原典中以"天"为开端的一元论，而应译成"人被天的授命叫做性"。首先，"天命"实是讲"天的司命"，而意非人之司命。文句显示人是被动于天的，所以译为"人的自然禀赋"，曲解了孔子"天命"的用意。另，有人认为"天命"二字只是指"天赋"，以此否认原文有神秘主义色彩。但是这是缺少汉语文常识的，"赋"无异也是"授与、命令"意，"*赋"与"*命"，若指定"天"为主语，它们的意思都归于"天的指令"。从自然科学可知，天并无主体会下指令，若要强说天是会对人类下指令的主宰者，当然就只能说孔子，认定了神秘主义的主宰 帝——天，在发指令了。所以，用"天赋"来转义于"天命"，并没有得到什么本质转变的收效。任你是赋还是命，我们也能认定孔子是个典型的神秘主义者。这态度，从后面孔子热衷祀祭和信仰卦卜的一系列言论中，也可得到原典有力的辅证。以下，是对孔子"儒性"的表达简示图：

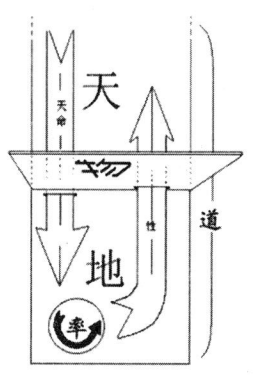

图01-1 中庸世界观的模型

朱熹说"天以阴阳五行化生万物，气以成形，而理亦赋焉，犹命令也。"只是把"天"下命令的过程，用"气—理—命"的理解方式描绘出它的特殊神秘性[①]。为什么说朱熹的解释也是神秘性的？因为只有对现象做到了自然科学化才非神秘性，而"气—理—命"的描述，术辞"气"是神秘性的。虽然想以"理"来做理解的桥梁，但只提出个抽象的术语概念。因为所用类是"我有理，故有理"的霸道推证言辞，所以并无证效。故而"气"也不能成为"天"，去赋予"命令"的理由。朱熹是孔子的信仰者，他同样也继承了孔子的逻辑毛病，用"气—理—命"来为孔子做掩饰，其流露出概念不清，和逻辑淆乱的双重语病。因为儒家讲的"气"并非指某种气体，若是气体的话，宇宙因此而无有一统性。各个星球含有不同的气体，也或不含一点气体，星际间是无气体的真空状，它是没有什么"气"来构成"天"的绝对权势的。所以，儒这个"天"实是指巫言的一个人格神力，这个"气"如同人的"力气"、"霸气"、"元气"一样，是指"精神的贯彻力量"——精神性。直到晚清的儒者章太炎、马叙伦，了解到物理地球的科学宇宙观后，才以"天非积气"、"天且无物"而发出了"谁复能袭五行之相应持占候之术哉"的感叹，他们不得不承认"天"的不存在。[②]

如果孔儒这个设定的天教之道，具有科学性，它的逻辑也应该是没问题。虽然从先入的主观上，去证得那个客观，十分艰难，故也不易看清真伪。但其自身逻辑当是有径可推的，依原式正推、反推，都不应有自相矛盾，不然伪的可能必很大。

天（命）＝性，性（率）＝道，道（修）＝教。

略去括号内的这些动态因子，我们可见孔子的线式理想是：天性，性道，道教。这个从高到低的线式还不好理解，逻辑支持我们也可以从低端到高端做反推，即成：教道、道性、性天。这里可显出的是三个层面：1. 教学，2. 践行，3. 被生存。所以推导下来，逻辑还原了它，得到的结果说：孔子主张"被生存"是天命的性。践行了这个被生存的天命，就是道。学习这个道就是跟从了他的儒学教育。

还原后，我们看出它这个三要素的公式，并不是必然正确的客观存在，这个结果因为"天"的不明确，而出现了其儒学正确与否的不定性。

孔子举证"天"以图论"教",但又不具备"天"的确定性,这教也就缺了正确的必然。依从了不科学的古代哲理,天固然就算包容到了教,但只拿出一个宽泛而表面的桔子筐,想来论证某一具体桔子的必然好坏,这是根本不科学的。"天"就是个"桔子筐",是个徒具文辞概念的抽象外表。而孔子试图证明他的"教",则是个很实际的东西,这是孔子要实施的事情——"教命"。因为他很想要说服人跟他学教,所以借用"道"与"性",才去别处拉来了"天"。还对人说,这是"天命"指定下来的,你得服从他的教。由于此处孔子显露出逻辑水平的粗陋,他不能意识到"道"与"性"的概念具有多向特点,不足以绝对导向他所谓"天命"的指证。

教(命)=天(命),去掉同类项,即:教=天。

从而,孔子偷换概念于"教"与"天"之间,完成了他孔子"即是天"、孔教"即是天之命令"的暗喻转换,玩弄的手段不太光彩。

所以我认为,这个"天命之谓性;率性之谓道;修道之谓教",是不正确的逻辑下,很不正确的断论。用射影几何学的焦点原理论证这个逻辑公式,可以看到焦点处的"天命"与近端的"孔教"和"非孔教"两者之间,没有什么必然选一的唯一性,所以孔子此因果逻辑断论,也是无效的。

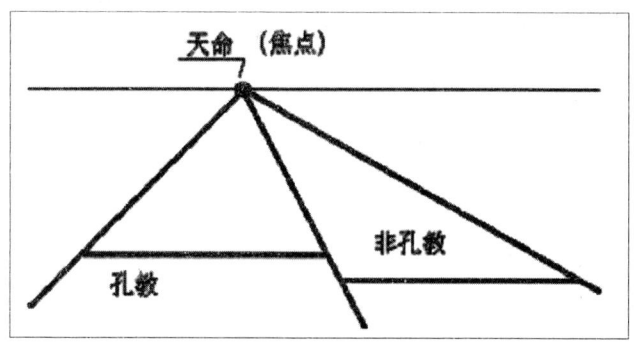

孔儒的"天命之谓性;率性之谓道;修道之谓教"论式,在现代逻辑学上,是属于一类称做"伊壁孟德—说谎者悖论"的格式。公元前6世纪

的古希腊传奇人物伊壁孟德，是最早发现说谎者悖论的人，此悖论的基本格式是这样的：克里特人伊壁孟德对人说，所有的克里特人都是撒谎的人。有人问伊壁孟德也是克里特人，是不是伊壁孟德上面的结论，也是在撒谎？如果是，那么克里特人就全不是撒谎的人；而且据此，伊壁孟德上面的结论就没有撒谎，故而克里特人又全是撒谎者……

当然，这个基本格式，又有许多的变式，比如"挂牌涂写悖论"等等，但它们于射影几何学焦点原理上，都可如此表达：

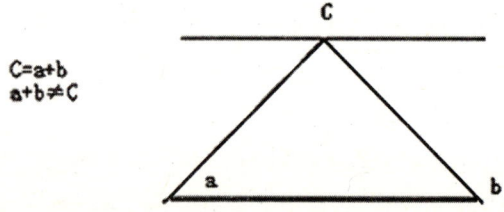

这里，Ca 线和 Cb 线都是平行直线，C 为焦点，从中即可以看出其逻辑悖论上明显的几何学错误。孔子的"天—教"谬误，来自于这"教"即是天性又非天性的矛盾中，如果真是天，率天性，由谁来教？是天么？天却布置了自己否定自己的天性，因为自己要教育自己改自己，所以把教育自己也改掉了——这里孔子的论述出现了严重逻辑悖论。

在龙树菩萨的中观学说里，也有着与孔子的那个"天性"的性，共用一个"性"字的"空性"，即哲学的"缘起性空"。什么是"缘起性空"呢？它与"天性"一样，是个有关于世界观的内容。"性"，在古语里，论谁给与世界以"生"的这个"心"，所以它是哲学表达"决定义"，是个世界的终极创造决定者。既然"性"实是指世界的创造者，那么，孔子的"天命之性"，就是指"天命"的创造者决定了世界的性质。空性与天性，空，是思维态。一个是思维生心，一个是赋权生心。思维生心的空性是主动的，赋权生心的天性是被动，所以天性不等于空性。天命，这个很易被混淆，现代人常用现代汉语理解，把它两字读为一个词组。实质古汉语的文言构成，这单义名词"天"的后面，应是个动词，"命"是天的行动——命令，而不是指"生长"——生命出生，所以我们不能用现代汉语理解它。通过《论语》，我们知道孔子认为，是有个"天帝"在创造和制约世界的，世界被这个所命令，显现成我们看到的这个样子。

用现代汉语翻译过来，"天命之性"，乃是说'世界的性质，是由天帝的命令所决定'。不用说，孔子的这个世界观，是典型唯心主义的，因为它讲到世界在本源上，有个最上面之"心"，在命令着显示一切。有人认为孔子的"天"不是"帝"，而可能是指"大自然"。可是大自然这个东西并没有心啊！孔子讲的"天"，是有个"心"在下命令，所以是典型的"天帝"信仰。另外，从《论语》上证实，孔子对于泰山祈天礼仪的兴趣与重视，和用庙祀来认定帝王为"天子"的态度，以及孔子在君庙里卜卦的认真劲，一一的都证明了他的世界观，是行的"天帝—天子—子民"这样的唯心主义社会观。

而龙树菩萨的中观学说，这个"缘起性空"，转用现代汉语翻译，则是讲'从空的理论来看世界，世界的一切结果，都是由因缘构成的'。用现代的话说，佛教认为世界的构成，都是由物质与物质之间的边际所联结的。"边际的辩证关系"——"缘"是物质与物质之间的联结，"空"就是指这种关系的总值。"性空"的"性"，是性质的意思。"起"在这里，是特指"运动、构成"义。

世界的性质——性，孔子的"由天因命"，与龙树菩萨的"由缘因果"比，孔子则是唯心主义的天神论，而龙树是辩证法下的唯物主义非神论。为什么说龙树是辩证唯物的呢？这是由他的世界因果观所决定的，因果论就是个世界观。孔子认为一切因果，都由天帝而起；龙树认为一切因果只由缘而起。我们知道：物与物间的关联，即是"缘"。物物交变转化的辩证关系，即是"因果"。

所以孔子讲"性"，实际是归于"神性"。在此，显然神性即是儒性。龙树也讲性，却是归于"缘"的辩证。龙树给他与孔子不同的这个观念，赋于了"空性"的概念。空性的出现，拉开了大乘佛学与孔儒天命神性间的文化距离，也奠定了佛学辩证唯物主义世界观的中观阐述方式。孔儒的性，是远古神话文化下社会意志的发展；龙树讲的性，则可归属过渡于现代哲学文明过程中的，是草创期科学世界观"质"的建构。

以下是中道的空性理论示意图：

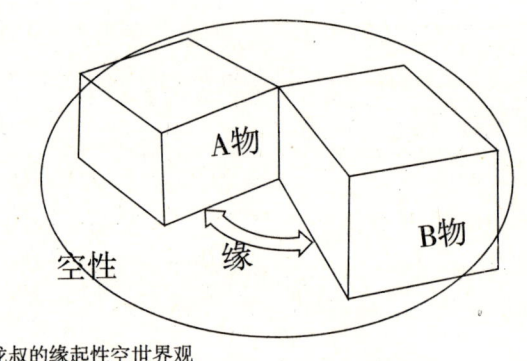

龙叔的缘起性空世界观

用现代逻辑表达,可以这样表示:

A 物与 B 物之间关系
缘的关联
───────────
∴ 即为空性

如上题,转用射影几何学,对"空性"的物物间"缘"的关系描述,我们还能这样表示:

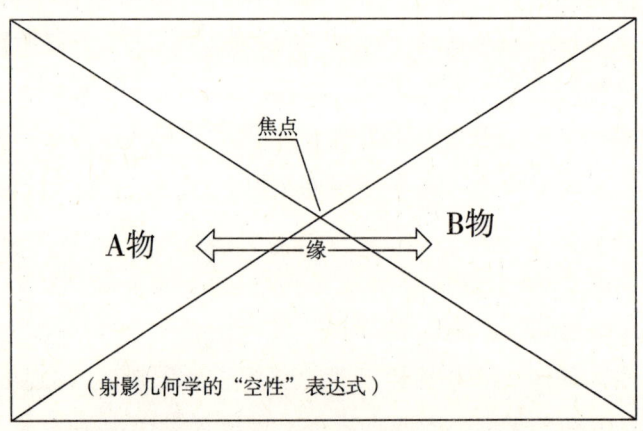

(射影几何学的"空性"表达式)

以上"缘"的空性表达,来自如下原理的数学理论依据的支持:

应用思考（之二）：

从孔子的话中，已能认定中庸立足于"天"的神权。说是天指定让孔子来教育人们，所以孔子是客观唯心主义的中庸。天命论是一种唯心主义的世界观，用逻辑来看天命论，它已触及伊壁孟德"说谎者悖论"，故而可以判断它是逻辑自相矛盾的伪思想。我们在生活中，时常可以见到一些天命论者，他们每每于生活中有自相矛盾的行为。此人在见利时，总是想去投机于机遇，不愿自我努力地去扎实下功夫；一但遭到挫折，就会怪外部给他的命不好，他这是落入悖论性的行为怪圈里去了。用伊壁孟德的论式演绎：追求故而才有收获，"收获所追求的东西"乃是"天命"，你不追求也是会得到；而"追求"只是你的个人行为，你不是"天"故无以"自命"，所以凡是刻意"追求"的东西，皆不会得到。运行这个悖论为常的人士，是个意志上极为摇摆的人，他没有做人的清晰原则，总会被近利所引诱，也为稍见困难而逃逸。在政坛上这种人能成为背离人民的腐败者，在军队里会成为叛徒，在工厂里则会工作偷工减料，在农田里必会懒惰疏于耕耘。

从孔子天命论里具有的逻辑学悖论，我们看到了孔子何以主张要介入政坛，并反对走向工农了。因为有伊壁孟德悖论式思维的人，惧怕工农的劳作之苦以及军人的伤亡流血，他的本性更易贪于从政去获取个人的安然腐化。实质孔子思维中具有的伊壁孟德悖论格式，才造成了他哲学上的反工农和从政获利的强烈倾向，思维心病造成了思想追求上的偏离。

  日常习惯于用伊壁孟德悖论处事为人的人，并不适合做重要职务的领导。这里我能理解春秋时代的诸侯王们，为什么总不让孔子介入他们的国政了。唯有鲁国曾让孔子从政为官，在短短百日，孔子就以天命自居，又是杀学者又是毁城镇，乌烟瘴气地把鲁国国力快速搞垮。春秋的诸侯王们除鲁君外当然也是知道的，凡是心理上具有强烈的伊壁孟德悖论的人来执政，必会误国和亡国。而鲁国的亡国，显然直接与鲁君听从了极具悖论的治国方式相关。

  另外，我们也知道，龙树讲的"空"，是专门为解决人类悖论心病所开的心药。"空"是龙树中道的理论核心术语，它是表达执行原则于所有关系的周遍逻辑，是已消灭了一切悖论的健全逻辑思维态。

  也许我们现代，看待那些具有"儒性"追求的人，更适合于找寻他们的伊壁孟德悖论来分析。从现象去看它的本质，以归纳出某个意志追求中的逻辑格式。并用相同类的现象来演绎出它真正的生活意义，这是一个"素质研究"与"应用观察"的过程。归纳与演绎是逻辑的基本功能。素质研究重视归纳，而演绎则是应用，这看法也是来自龙树所讲的"空"义。

  关于"天"的古代天文学，并非如孔子所言有"命"。中国古人早已用"天球学说"对"天"进行物理意义的定义，人们站在地上环顾天空众星，而感知天空如同巨大的半球倒扣于地。又从恒星群中挑出了几十颗星，设定下了"黄道带""赤道带"等天文术语。并因天球旋转时的轴心有这颗北极星穿过了它，便以北极星做为天的中心。《史记·天官书》中，记载了将各位置的恒星与各种皇宫职位，加以一一对应的附会，从而让人们可以有借天文去影射政坛的方便，这就是中国古代天文命名的特殊意义，而非真有"天命"在左右着政坛的变化。[7]

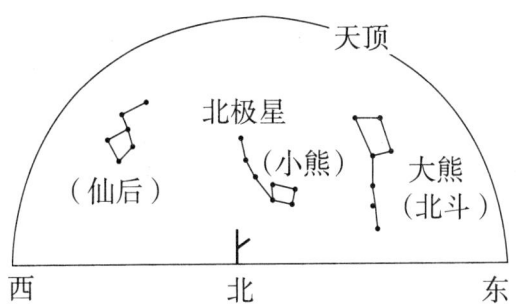

那种以北极星,做为天帝"帝星"的,古代称之为"太一",它不过是"天"字的注音。给它用某恒星配上了"后宫"太妃,实在是古人大胆的夸张想象。孔子在《论语·为政》中所言的"为政以德,譬如北辰,居其所,而众星共之"。他把这北辰帝星,视为处于天球上永远的不动,而去加以哲学意义的发挥,就是一个天文学的误会。实际上北极星也是运动的,移动得比较缓慢而已。只要还是与其他恒星一样运动的,并且地轴虚线也是处于假想中的,孔子"天"的神性也就不再能成立。

众星环绕北极星的"天命",显然是孔子由天文理念的错觉,而引发的哲学谬误。孔子将中国古人借天文影射政坛的特有文化现象,错误的倒置理解成天文与政坛的直接因果关系——"命",这无非证明孔子真相信了以讹传讹的"太一天帝说",从而让他脱离了纯粹的古代天文学,成了可悲的有神论学者。

《中庸》里的一系列悖论,就此开端了。

---

④可参考中国社会科学出版社1989年10月版,张立文著《中国哲学逻辑结构论》。

⑤详见北京师范大学出版社1997年版. 郑师渠著,《晚清国粹派·文化思想研究》。

2. "小世界"悖论式

　　一位儒者对僧人说：我们都是修道人呐。僧人说：你家孔夫子讲的，道不同不相与谋。儒者问：我们不是谋求同一种东西吗？僧人说：你谋求的是被世俗束缚的荣华官禄之路，而我谋求的是如何把握智慧真理，对于你这种被束缚下的世间状态，我的志向是予以完全解脱，是与你走的相反方向的道。儒者转去跪拜天帝和皇帝天子，僧人则袖手冷眼立于一旁，并不下拜。

　　《中庸·第一章·2》道也者，不可须臾离也；可离，非道也。是故君子戒慎乎其所不睹，恐惧乎其所不闻。

　　（译文：这个道，不可以与我们有少许离弃。若可离开它，就不算是道了。所以，君子要警戒自己，慎重于自己对道的看不到，恐惧于自己对于道的无所听闻。<1—2>）

　　●"道"原是特指"某种路径"的意思，这里是说"儒的道"——儒家之路。孔子说他的"道"对于人，是不可以片刻离开的。这大概是说，一有片刻的离开，人将会死去的吧！比如像心脏？血液？还是某种技能？反正它就是"不可须臾离"的，这就是孔子对"道"下的定义，因为孔子还说到："可离，非道也"。也许做君子的，必是都怕这个"死"，这意味着君子身份的亡却。所以孔子强调君子要以戒慎和恐惧的态度，去对道的存在，做出立马的"睹"和"闻"的重点关注。这有用言辞恐吓，来加重教学推行力度的意味，教育手段低级。

　　从上一个孔子的段句可知："率性之谓道"。又因加入了"不可须臾离"的定位,即可等于"率性不可须臾离"。孔子要人睹闻于道的实意,不过是要人们时时的"率性"而已。什么是率?率的古语是"律"的意思,用在这里,是给予这个性,以"一统之律"的意图。所以这个"率性",不是什么我们理解的现代汉语"天真无瑕状",反而倒是要强调"性"的严厉管束。

所以,孔子其意无非是说,君子要戒慎和恐惧于人们的不睹不闻这个"性的管束",他认为"性的管束"是来自天的命令——"率"!当然这里之意,更有君子若不被管束,必有不得好死一般的下场,以之来说明"道"的重要。性,此处只是指在天神的约束下人的性格。而不是男女性别,也不是指解脱义的佛性。

评曰:

从"神性"的命令,到"性格"的约束上,"率"起着执行天帝命令的目的,这个"率"实就是天神的指令操作。孔子指导君子,要从神性的率上,去约束自己的个性,这正是儒家不可须臾离的道。古代那些全球流行的世间文明,几乎都是以"神天",认做为世界的终极造物者,虽然给的"神天"称名,因语言而有不同。但这些古代文明,是个世俗间的文化,佛教上对它们冠以"世间道",强调不能被束缚在这种不究竟的"道"中,人们不应成为世间的迷途者,要努力"出世间"。但我关注到,中国曾有过一个不以神天为信仰的哲学体系与它并行,这就是传统阴阳学说。它源自于原始社会,是商周以前就一直在运用的哲学体系,它与孔儒推广的新式天地阴阳是不同的,如下图:

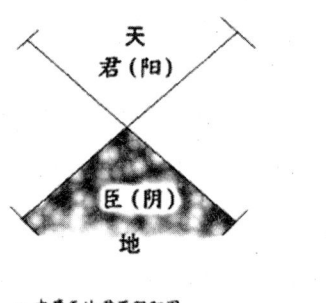
a. 中庸天地君臣阴阳图

b. 商周天地君臣阴阳图

佛教也讲"道"字，与儒家是字同义不同，佛教的道是专讲对世间法做"觉悟"的解脱之道。而儒家的道，正是佛教要进行解脱的世俗东西。儒家之道，非解脱，反之而是世间束缚。对这些世间法的儒家之道，佛教之道会以什么方式，对人们进行觉悟呢？中道，正是其中的一个大乘觉悟理论。所以，佛儒共用汉语的"道"字，来表达各自不同的哲学概念，字虽同，本质不同！

商周传统的天地阴阳图，并非如孔子理解的，来自于动物（人）的两性阴阳，而是来自历法"天干"天文数论。我举示的这种图式，在"天干"符号里，商代甲骨文称之为"癸"，另有"地支"十二属相。十二属相为万物的表达，以说明地天之间的支柱是生命万物。由于天干不属于"十二地支"的范畴，所以天干没有万物的属相，它们是单纯的十个方位符号：甲乙丙丁戊己庚辛壬癸。都是关于物理空间的表达。它们与十二地支搭配成六十个干支数，以做为合乎表达月亮亏盈和太阳运行周期的算法，这就是阴阳合历。天干是地球环太阳公转的周期表达法，是观测太阳出现方位的不同而得出的数理总结。地支是月球环地球的周期运动表达法，与天干不同处，它只是以观测月球受光面的变化，而得到的不同月亮形象的分类。两者合之而为商周历法，用来对春夏秋冬中的人类活动，以年、月、日、时各周期表，做出可循环的记录。不论天干还是地支，原始中都不存在男女阴阳这样的理念，它们只不过是讲地球上观测太阳的方位，以及月亮的形态而已。

我不知道孔子在阴阳学说的演绎中，何以总是偏重用男女性别来理解阴阳，而不是原先表示太阳与月亮的阴阳。是不是一如《论语》书中自述的，源自他所重视的养身流派——彭祖对他的实际影响[1]，总之在孔子这里，阴阳是从于男女而非日月的。房中术的理论中有讲男女阴阳，而偏偏孔子所倚的彭祖，也正是中国房中术历史上的御女术重要祖师之一。当然孔子不可能与彭祖有什么交情，那时传说中的八百岁老神仙彭祖似乎已经死了，孔子一定是学了彭祖的遗著吧！所以才有这个观念习惯。正是由于孔子在理解政治阴阳理论中，杂入了本不属传统政治理论范畴的民间御女术，并从御女术演进为君子的中庸术，从而构成了一个傍门的新阴阳政治理论，即那个'君臣非万物'的创新基调，它强调了君御臣性格的匹配意志。虽然我不相信"饮食男女人之大欲也"在孔子身上真有体验，但《论语》中首次出现"中庸"二字，倒是在子路指责孔子密会美女南子一事中被发现。孔子就说出他拥有常人所不能解的"中庸道德"，所以没有做人们所推测的淫事②。这里，他自己把中庸与男女之事联系上了，似是一次巧么么？若完全不必讲它是御女术之类事件的触发，我想孔子借了彭祖的养生理论与阴阳学说的揉杂，建筑起似乎可溯于远古尧舜的新理论，以求得"养生"——修身意义下的模式复制，再导出"治国平天下"的理想，虽然荒唐，如此哲思在古代也并不算太离奇。

佛教讲的"觉悟之性"，也被指为不离每人之心，但它不是中庸这样的职业性格之道，而是直指生命思维的本源。所以，同是一个汉字的"道"，也是字同义不同。孔子在《论语》中，也说道是有不同的，他说过："道不同不相谋"。孔子中庸虽讲的是阴阳术（非淫术的）上的"修身"，而实际是要做"平天下"的目的，什么叫"平"？在汉语中，"平了他！"就是镇压、灭族、杀掉的意思。所以"平天下"不一定只是"平安天下"的意思，而是包括了用强权去征服别人。当然，也可以包括花钱向外去买平安的"平天下"！

有关"不可须臾离也"之类的心理体验，于古人并非是空穴来风的随意而说，也许他们从周遭的人群中的确也发现了一种奇特的巧遇，他们发觉似有一种神秘的力量，无处不在地组织着人类的关系。

这个话题，又涉及概率统计学的"小世界悖论"。这个悖论的简单格式是这样的：两个陌生人相遇后，A问B：你是来自某地的？我的朋友C在那里做律师。B说：这个世界真小！C她也是我老婆的好朋友。于是大家在感慨世界真小的同时，似乎也隐然的在默认了神秘的一面。这是不是由神秘的"道"在导致，或反之的是完全巧合？通过麻省理工学院的社会学家在上世纪的研究，揭示了人类生活中有着人与人紧密的友情关系网络联结。

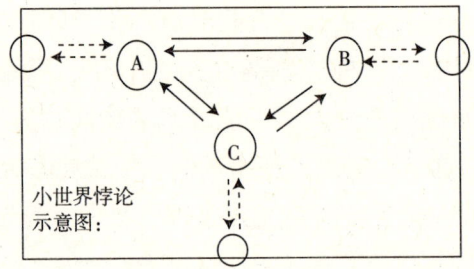

小世界悖论
示意图：

正是这些"具备共性"关系的网络友情，筑成了似乎有"道"不可须臾离的某种特性关系。其实，这种似乎可揭示宇宙规律神秘性的东西，却只是概率学机制。它的内部并没有什么神秘的"天"在控制，这仅是数个质点共在二维平面里互相运动后的记录检索而已，人际网络关系下的遇见显然是有概率机制的。到这我想说一句：一但没有了人际的特质性网络关系后，一切的遇见巧合都将不见！这也包括了孔子之"道"也一并的不在。说到这个人际网络的"特质性"，佛教说这叫"缘的善恶性"。特质性在人际网络上，是可基本分为"善缘"与"恶缘"的。所以孔子"道"的机遇必然性质，也同样只是一种或善或不善的缘。缘于善则机遇也善；或善恶不定的缘中，则机遇也是善恶兼有。所以，孔子的道，还有待善恶区分的必要，并不是"戒慎乎……恐惧乎……"这样已入于"天命"的绝境。佛教向人们指出："缘"是一切因果的内质关系，你的命只握在你的手中。

《中庸·第一章·3》莫见乎隐，莫显乎微。故君子慎其独也。

（译文：道之隐蔽你很难体会，道之显微让你很难见到，所以做君子要慎重对待道的独特。<1—3>）

● 这也是讲"儒的道"。"隐"和"微"，是孔子用来表达"率"的存在方式。孔子认为天命对人，其率性的方式，有隐与微的特征。希望做君子的人，千万不要轻视这微隐的天命存在。当了君子的，要慎重！"慎其独"是慎重于道的独特的意思。其中，明显有担忧个人因独立思考反其道而自主的内涵。

评曰：

由于天帝的假设，是个不能成立的客观条件，所以究竟是谁制定了"率"的标准，那是根本说不定的。事实上也没有天帝，就算"率"是隐微的，若去违反它，也不一定会有害及自己的结果。孔子这里为了推行中庸的绝对定位，在逻辑上显出有逾越推理的毛病。事实上，这个天帝的"天命"，不过是天子与大臣们所拟定的一个规范制度，是少数人托于天帝的借口，来要求人们去服从。所谓的"隐"与"微"，无非是孔儒在担心：他人独立思考下，会发现天命借口中的逻辑漏洞而已。所以，用这种威胁语气，来制止人们对其独立思考，正是此句"慎其独"的真意。

这个"莫见乎隐，莫显乎微"的证词，几乎是与十七世纪法国的哲学家和数学家布莱斯·帕斯卡所用的"帕斯卡教堂赌注原理"是一样的。帕斯卡将"帕斯卡三角"这样一个"概率论"的数字结构，运用在对信仰者投机于概率学上的引导，从而得到类似于"接受信仰才是利益的上策"的结果。帕斯卡教堂赌注认为：我们无法认定某理论的真伪（即莫见乎、莫显乎），但由于所吹嘘的若是真即可得到无限的有益，所以拒绝为真时，就会无限受损（故君子慎其独也）。

帕斯卡教堂赌注：

虽然，帕斯卡赌注是用于西方教会的信教信仰上，以说明地狱报应的不信者应当立刻去信从。当然帕斯卡教堂赌注本身，只是一个玩弄诡辩的语言手段。没有逻辑水平的老百姓们，大多会因个人利益希冀的驱使，轻信了这个非理性的劝诱，而鱼贯地走入教堂。孔子这里的言词，显出的即是一个典型帕斯卡赌注式悖论的表述。虽然没有像西方牧师那样的直接利诱，但也可以看到他拿出了"或失利益"的恐吓，给他人做投机的担保。

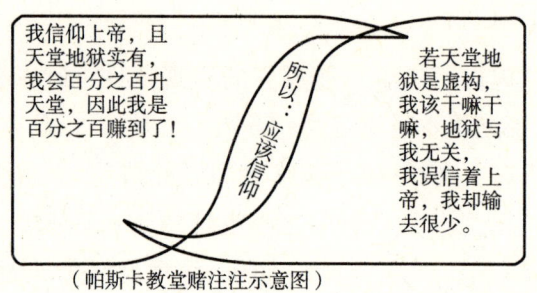

（帕斯卡教堂赌注示意图）

一个制度的被制定出，用以对人们"率性"，却逻辑上经不起推敲，反而要人们放弃了独立思考，盲目服从于不能成立的有神论借口。这也只有像春秋战国那样，在奴隶制社会晚期才有的事情，这完全归于思想文化上的腐败。佛教主张要思考与论证，不论信仰还是教育，都要有逻辑的支持。逻辑在佛学里称之"因明"——明辨因果的学问。佛教认为：像儒家这样，不讲逻辑的胡乱借天命神谕，来推行凡人的主观理念，是不讲因果的行为。术语概念学在佛教里，称之"声明"学，是讲语言符号概念的规范。另有关于逻辑与概念关系的思维运算沉思，佛门有专门禅定的传授，这叫"内明"学。因明学、声明学、内明学，与工科的工巧明、医科的医方明，构成了千年佛门教育的重要特点。

应用思考（之三）

我们在日常生活中，总会发现某些社会言论很会愚弄人，愚弄的方式常是用伪概率论来利诱着我们。比如上面讲到的"小世界悖论"和"帕斯卡赌注"，就是两个伪概率化的悖论。如炒股票时的操盘中介术，就会常运用帕斯卡赌注来引诱股民们合伙。政治上的典型就是孔子的中庸了，骗人入局参与他的理想同盟，又不愿承担欺骗后果的责任。完全是利用了人们不懂真正的概率学原则，又贪图利益的毛病。其实，概率学关系到一个人的决策能力的有无。决策论或称判断论，决策者首先观察所获的素材，加以十进制和二进制的二重运算，以收获对事件发展趋势的把握。人类关于现实世界思维的实质是什么？是十进制演绎和归纳中完成二进制的分析，是这两种模式参与下的大脑运动，构成了人类能通过演绎和归纳来处理外部事件的能力。所以唯心主义的神权天命信仰者，一般也同时是概率学的无知者，也将是一个蹩脚的决策者。霸道而武断的他，是不宜做人群领导的。

另外，我们也发现一个奇特的现象：凡在一个描述自然规律的数学模型旁，历史上总有一个或多个依附于这个模型来牵强附会的内容。比如彭祖依附于日月阴阳理论，建立了阴阳御女术；孔子中庸是附会于"天地阴阳理论"和彭祖的御女术，建立了君臣阴阳理论。这与伪概率论附会于真正的概率学完全的一样，都是钻了人们不能真切掌握数学根本原则二重性的空子啊！

中国古代学术中，这种"形而上学"色彩十分浓厚，任意借用别人的模型做为公理来解释自己的东西，还常常是在误解别人模型的状况中就去乱发挥，显现了主观意志上的霸道。我们并不能以不认同孔子的天命"神创论"为理由，就可以随意的曲解和篡改周公的易理数论。周公建立的易理，依据于现实素材的内在规律，是来自现实并描述现实的理论。而孔子则把它"形而上"地加以篡改利用，为了适合政治需要，不顾常识性的分类公理规则，"神创"了一个中庸阴阳论的伪规则。好在历史长河中的《周易》研究中，还一直把周公的易理视为正统的官学，而把孔子这样的以卜卦象数来曲解《周易》的伪易理，称为"野学"。官学《周易》是建立在辩证唯物论基础上的全逻辑描述，野学《易大传》[3]则是客观唯心主义的东西，它以形而上化的随意覆射应用，竟把大脑的内外逻辑程序也给用错位了。以日月阴阳关系，欲代替君臣关系来议论政治，孔子显然是偷换了命题。

命题论证，是哲学进行可行性研讨的首要工作，人类对哲学中思维悖论的拒绝，体现了哲学实证的意义。

---

① 详见《论语.述而篇》

② 详见《论语.雍也篇》

③《易大传》，孔子解说，由儒门弟子记录并发挥，一部早期注释《周易》的专著。

3. "柏拉图—苏格拉底"悖论式

《中庸·第一章·4》喜、怒、哀、乐之未发，谓之中。发而皆中节，谓之和。中也者，天下之大本也。和也者，天下之达道也。

（译文：当喜怒哀乐的情绪还没有发作时，这叫做"中"。情绪发作经过了手段的中节，这叫做"和"。这个中，是天帝能临幸众生的根本；这个和，是让天帝达到临幸目标的道途。<1—4>）

● 这是阐述作为术语的"中"。什么是中？孔子用一组情绪术语，来表达了"中"的对面，它们是"喜、怒、哀、乐"。直白地说，孔子认为不发任何情绪，用现代语讲做人没有丁点脾气，就是术语里的"中"！除了"中"这个术语，孔子另造有一个后续词——"和"。和与中，是"情绪不发与发"间的一组对应术语，一种孔子所许可的度量标尺。"发"是动词，发怒、发乐乃至发哀、发喜，都要用上"率"来做节制，这即叫做"中节"。人被中节以后的这种发怒、发乐、发哀、发喜，又叫"和"。故而，"和"所发出的是一种怪异的喜、怒、哀、乐，据前面讲到的"道"来看，可算做是被"率"过的情绪吧。

"中也者，天下之本"，是讲没脾气，乃是天下人的本质。"和也者，天下之达道"，是讲发脾气也被节制在"率"中，变成"和"，是使天下归一的必经道途。所以孔子实是认为，不发脾气是最佳的为人状态，要是忍不住发些脾气，也当以"率"来做节制，这样发出的喜怒哀乐，才归入于"道"。人发脾气，合不合理且不论，各有利益陈述所在。但脾气一发，无非是闹大脾气与小脾气的区别。大脾气就是没有经过"率"达"中节"的脾气，而一经中节，则成了称之为"和"的脾气。这脾气又因并未归"中"，所以它还只能是脾气的一种，你叫它怪脾气？我认为"和"是闹"小脾气"，如怨妇这样的"作"脾气。天天望着脸色闹，又不想闹大的脾气。

我权且认为孔子是真诚无伪的，但他为官的表现却极悖于此言。孔子在鲁国诛杀教育界的同行少正卯，孔子当了宰官的百日里，又率兵搞起内战屠城，打击三个国内都市，摧毁了鲁国最有活力的两个新兴城市。这些"即真且诚"的活动中，孔子用的是大脾气还是小脾气？以上例子，足以说明了孔子提出的"和"，只是下级面对上级奴隶主来使用的，对同级别的同事们，以及执异见的对手如少正卯等，只用屠杀的"伐"，他不再用"和"。

在《论语·宪问》一章里，子路也曾试问过有关如何服务于君王的话题，孔子对他指示："勿欺也，而犯之"。这也是教弟子们，不要恃才欺负奴隶主，但可以天天"犯"他！这个犯，在这里结合了对"和"的解剖，是主张可闹点小脾气，只闹怨妇式的脾气。"犯"在孔儒这，是用"和"来节制上级主官行为的意思，

评曰：

在逻辑概念中，"和"即"合取"，是"析""析取"的反面。所以"和"就是数学的"加"，"析"就是减。孔子的"和"也是两两相加的意思，而"中"是析取，是两减一。所故孔子认为"和"是臣向君所求的用心，是下对上的必须态度。"中"是君对臣的用心，是上对下的态度。"居下求和"是孔子的唯一主张，因为"中"是根本不用求的，它是天心。天心，是析取万物的心，用通俗的话说，"析取"是"挑选"的意思。故而，孔子对人讲以"和"待之，实是要人居下求和，而非用"挑选"的"中"。"中—和"是讲的上与下的相互关系，用现代语，就是讲君臣之间的中庸关系，具有君主去析取臣子，臣子则合取君主的单向矢量的政治结构。孔子实际是凡事都在片面主张合取之"和"的，他不主张做到析取之"中"。因为他把"中"独赋予君主一人能用，所以人们只有一

"和"可使。这个要求和的关系，是以析者——君王的态度，来得到量化的要求。析者与和者间的概念关系，实是"比"的关系，因为中庸是"无和"下的在要求和。

"和"的意义必在于得"利"，从以上文段看，孔儒的思维重点放在人际关系上，试图依之占据某种利润和好处。中国古人讲到"好处"时，用"利"与"益"来表达。逻辑告诉我们，利并不一定是益，有益的事不一定于个人有利；有利的事，不一定会对未来有益。所以"利"与"益"不同。孔儒主张的"和"，便是利的驱使，转用现代语说，它就是讲：要会当场的给上级面子。

巧了！中国的佛教里，也有个"和"字——和尚。有人以为既然佛门用了"和"字来称呼僧侣，那必是也与儒家的"和"一样，是主张给主子"面子"的。其实这全是想当然，和尚在佛门术语中，是个音译的梵语名词，在早期也有译成"乌社"或"无上"的，它们完全只是"师"的意思。"和—尚"，可巧在梵音里，声明学上竟然显露出汉字"师"的字音拆分后的读声念法。这说明"和尚"的和，它与汉语儒家的"和"义，完全无关。

"师"的意义在于"益学"，所以这是讲"益"的，而不是讲"利"。所以佛门的"和"，与儒家的"和"字，形同义不同，佛门引用到的只是汉字的"音译"。所以"和尚"并不是"和"义，更无关乎"利"。和尚的意识上面，也没有上级长官，所以也不象儒家这样，要把"给面子"做为"道"。所以，僧侣在中国社会里，有个使用了千年的话：为僧者，上不拜父母，下不拜帝王。这个僧人行为的规范，点出了真持戒的和尚们，根本就不认可儒家的"和"！

中庸的和，是强调男性在社会活动中的仿女性化，它这个态度，我们可以拿去理解《论语》，此文有个典故，孔子外国拜见淫妇南子的故事。孔子的学生子路在事后，对此事件发泄了不满。孔子百般解释自己没有做出格的事，也说到了他具有"中庸"的道德，不是老百姓批评他所用的普遍社会标准。他独特的道德标准，是人们并不懂的"中庸"。男子密室见淫妇，又不出格，这叫"有道德"。①我们且信了它是真的，这个心理，无非是此男子已女性化了，如此才能让淫妇面对男子在密室里无淫意！这个事例表明,"中节"就是异化掉自己,以求得对方的放弃。用现代观点,这就是"男人仿女性化",行心理阉割而已。与宫廷太监的生理阉割,在目的上是完全一样的。只是太监是被动地阉割了自己的生理,而儒士是主动地阉割自我的心理,都是为了做到"不欺"主子、主子也无以对其欲以求之而已。

图利,只是人们的一种聪明,它不是智慧,常如狗熊摘玉米,左手摘一只,夹入右胳膊下;又右手摘一只,夹入左胳膊下……如此的反复,结果最后还是只收获到一只玉米。为什么?因为狗熊它不使用智慧。而真正的智慧,是讲"益"的,就如同一个人不但要会挣钱,还得会合理用钱。这个合理消费资源的心,就是"智慧"。中庸主张扮成女性化的男子,如同为了入宫做的生理阉割,都是为谋利而图,这不是智慧,是有利无益的小聪明行为。

清末年的学者邓实指出:中国传统文化"其远因皆伏于数千年以前……浸淫浸久,而养成阴阴鬼气纤纤女性之民,其已几无自存之术矣"。② 其实,这种民风的养成,并非是中国全体古文化的罪过。细究之,那些巫术、淫术,和孔子这类以古代巫术和淫术的"理论"发展出来的中庸思想,才是真正的民族罪人。

《中庸·第一章·5》致中和,天地位焉,万物育焉。

(译文:接近于达成中和,天与地也会各就其位了,万物生长也实现了。<1—5>)

● "致"是"接近、达成"意,行为上接近"中"与"和"的标尺,就如同天地间的各就其位,且能长长久久一样。孔子认为"中""和"是天地给你的唯一生存空间。"万物育"在"中"与"和"间,此万物又可喻为"万事",指万事万物你也只能在天地间做生发,不许越天或越地的超出!不然就是"弃率"、"无节"、"不中和"的无道。这个"天"当然也喻指为君王,"地"就是君子。天地间万物育,就是指君王与君子间的合作,产生政权事务。做为"地"的君子,一但不向君王之"天",作出"致中和"表达,政权的天地将不存,合作也就要散伙了。以上是子思对孔子思想的一个总结。其内对"中"的演绎，是对"中庸"的注解。

评曰：

　　这段表述，正好注释了我的推断。孔子的"和"，是用以表达君子对君王应该有的态度，而并不是佛门读"和尚"——在汉语的'师'义。孔子说的"中和"，是君王"天"的南面术之下，那个属于"地"的君子中庸术。南面术与中庸术所谓的天地之间，无非只限于宫廷君臣之间的政治谐调而已，所以"万物育"，并不是说实有繁育生物的中和，而只是比喻宫廷政事的上颁下施而已。

　　南面术，是"天术"。它是中国上古流传下来的一种权术，讲对人玩弄阳谋意识，用无赖的心态去操控他人，以达到自己操纵政权目的。而中庸术，是"地术"。是在承认南面术原有的阴阳模型上，注入个叫做"以阴调阳"的怪异东西，孔子给它起名叫做"中和"。所以，中庸术是寄附在南面术下，讲究在专制的宫廷里，如何做到寄生和吮吸的"阴附"技巧。好似动物身上的跳蚤，也是以寄主动物的行为做阳，为南面；跳蚤的行为就是阴，为中庸。其目的是得以吸血，而伏在动物的皮毛里永不掉下来！只不过，上面我只用了动物来形容了孔子的"阴附"，而孔子在《中庸》里，连万物也都包含进去了。

　　致中和，就能达到混在政界中象样的做人。这与男女问题上，孔子的"从下向上的异性化漂移"主张一样，都是中庸的理论实践——道。这种叫做"道"的东西，既可以用在两性男女问题上，也能用在政界交际上，说穿了就是意识上去拨弄阴阳而已。讲"天地位焉"，就是为了说明想模仿"地上"的事务，就要主观上做到"向天"。顺应了天去做，就是"万物育焉"。所以它只是求以"从下向上"的做"和"，并不要求"天"去从上向下。因为孔儒认为"天"总是"中"的。这个理论，看似是天与地间，可公平的"互靠"，实是只具下层以"和"靠向"中"，而并无"中"向下靠近"和"，理论已体现孔儒有神论哲学"绝对精神"的必然。

　　其实自然界，根本不存在以"中和"为因，天地与万物"位""育"为果的规律。所以孔子这个论调，不是普遍的自然规律，而是他自己主观拟想的伪因果。他的这个伪逻辑，我指出它是犯了佛教所批判的"倒果为因"毛病。"和"这个字,古意原只是用来讲稻米的煮熟,是加工于"禾"的意思。就是说"和"的命题,只在于讲行动后有没有收成,没有收成的行动就算是"不和"了。按理"致中和",是讲"对成熟的把握","天地位焉"是讲对"时间与空间"的定位。在时间与空间里把握了事件成熟的机会,就能"万物育"了。其实孔子犯了一个错误,天与地的实质只是时间与方位的关系,它与万物本体的存在还不是一个意思。比如在《周礼》中,将地上九州诸国的封域,用天上的星际二十八宿十二次来分野:"星纪,吴越也;玄枵,齐也;诹訾,卫也;降娄,鲁也;大梁,赵也;实沈,晋也;鹑火,周也;鹑尾,楚也;寿星,郑也;大火,宋也,析木,燕也。"③在历法中的各月象中所体现的那些动物物象,只是一些方便于记忆天地时空关系的符号,它们与地球上的真实动物并没有什么直接的因果关系。世间一切有神论的根本错误,也都是犯着"倒果为因"的逻辑通病。这让人想到了中世纪的西方人,也曾确信老鼠是由米缸和破烂布片"生化"出来的。因为他们倒果为因的以为米缸破布中才有老鼠,所以错误当成了'米缸破布'是老鼠之因,公母老鼠不是老鼠的繁殖之因。

以某个概念符号,比如"天"、"神"、"中和",认做它是物质关系之间的决定性条件,是犯"符号概念决定了物质存在"的毛病,也即构成了精神决定物质的唯心主义。所以孔子相信概念符号的世界决定论,只能走进叨述主观政治成果,来做自己的政治初因,这是一种唯心式的死路。唯心主义,就是不承认因果论,不讲真实因果关系,它必然会行为有"倒果为因"的主观化。

从逻辑上看,"中和—致"与"天地—位"是一一对应的两组关系。但是,"中和"明明是情绪的"喜怒哀乐"变化价值观,怎么会出了天与地客观自然界的一一对应呢?如果"中和"为A,"天地"为B,那么,承认了A后,B就是不能成立;如果承认了B后,A就不能成立。因为"中和"与"天地"虽如一张纸的两面,但这A面与B面,互相冲突互不认可,却出现了叫"柏拉图—苏格拉底悖论"的逻辑格式。其逻辑原式,出自古希腊的哲学家柏拉图的一个著名故事:

柏拉图一天见到了同是哲学家的苏格拉底,他地开玩笑的对苏格拉底喊:"后面苏格拉底将要说的话是假的。"苏格拉底接口说:"柏拉图前面说了真话。"结果逻辑产生了混乱,两人之间谁也证明不了谁真谁假。可以看出，在捏造"中和"与天地的比量关系上，孔子犯了逻辑悖论的错。柏拉图—苏格拉底悖论，实质也是"说谎者悖论"的又一逻辑变式。

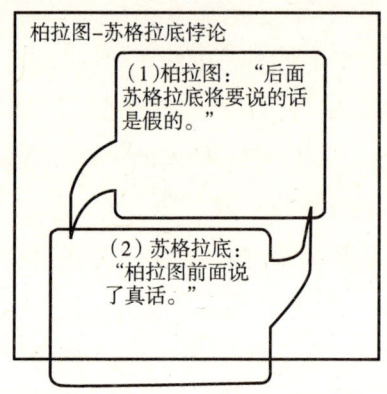

应用思考（之四）

　　这里，我们再次对孔子上面句式的思维逻辑进行考证，发现他又犯了逻辑学悖论的典型——"说谎者悖论"，这个错实是上次"天命"悖论的延续，是孔子大脑悖论初始运行后的再次重复。所以不要以为人类的思维有一些错误是不要紧的，佛教说这种随处不时冒出的同一悖论力量，叫做"业力"，什么悖论业力即造就什么悖论果报，如同大脑这"车轮"行进中的上下滚动，故又称之"轮回"。而中止轮回的方法，就必须了解"缘起性空"这个龙树强调的大乘法理论，从"空"去了解业力缘起的思维格式。业力的缘起，就是讲思维从起始到结束的过程。所以对孔子思维逻辑的考证，正是用佛法对他从起始到结束思维全过程的考量，是讲缘起性空的一项实例议论。对语句进行有无悖论的评估，它是十分有意义的工作，这可以用来修正大脑思维的病态，这也是佛教传统中用来做为修行的重要方面。

　　如今社会里的思想工作也并不太好做，因为人们在浮躁的日常生活中，唯心主义色彩的语句已多了起来，虽然不是在直说"心决定了物质存在"，却也是喜爱以强词夺理的方式来处理事务，比如惯用一些悖论格式的变式组织着言论导向。思想工作本是需要健康逻辑辅助运转的，没有了逻辑健康就没有思想交流的空间，思想工作的互动就会遇到麻烦。这互动就是两人间进行着的逻辑运算，用健康的逻辑进行演绎和归纳，才产生了说服与辩论的实际意义。龙树大师主张"空"的理论和实践，便是克服唯心主义逻辑悖论在自我中膨胀的传统修证工具。龙树生前以逻辑大师的身份，为后人建立了辩论规则和方式。虽然这遗产是古老了些，但它依旧为我们后人的自我解脱，指明了奋斗的方向——认真修习古代因明学或现代的逻辑研究成果，可以获得中止轮回达到涅槃的正果。涅槃的第一特征就是"诸法无我"，这"法"就是那指向了描述事物的逻辑态，"无我"即是讲公平公正的客观。公平客观的逻辑态，显然是指"健康的全逻辑"而非其它。所以，人一但修证至完全健康的逻辑，离人生解脱也就不远了。

数学机制的运用，是人类思维中最典型的一种逻辑方式，它内在的十进制和二进制的关系，对于人类大脑是天然的存在。古希腊人把它的内在格式，视为是"上帝"的创造，从而把这个格式之下发展的演绎和归纳推行了下去。中国古人在说到这个格式规律时，也产生了类似"上帝造"的逻辑悖论。虽然只是用经典语言逻辑而没用科学的数理逻辑来表达，但其内在格式还是同样的。当你研究到一个逻辑格式时，却要用一个非逻辑的东西来证明此逻辑的正确，这不正是犯了自证不能成立的毛病么！所以一切悖论现象，不论是统计学悖论、时间空间悖论还是语言悖论，它们的格式是一样的，都是犯了大脑里不能统一于十进制二进制的运算，犯了两个思维制度间顾此失彼的毛病。

男人以"女性化"所做出的"和谐"举动，是一种自身发生悖论的荒诞行为，有这倾向的人，内心已成了"异己"之徒。这种人在心理医学上，是属于有精神疾患的；在社会组织成员里，这种人也会叛逆自己原有的价值观，成为组织原则的潜在叛徒。

---

①其事，详见拙著《论语镜像》28 章—瓿中翻倒的水，第 118 页。
②详见郑师渠著：《晚清国粹派．文化思想研究》，北京师范大学出版社 1997 年版。
③详见丁緜孙著：《中国古代历法基础知识》，天津古籍出版社 1989 年版。

4. 二进制冲突的精神与物质

《中庸·第二章·1》仲尼曰:"君子,中庸;小人,反中庸。"
（译文：我祖父仲尼说过："君子才会行为讲中庸；小人,都是反对中庸的。"<2—1>）

●孔子认为：做为服务于奴隶主的君下子弟,君子是要主张中庸的。而务工与务农,被称做"小人"的人们,是反对中庸的。分析之,工农为什么反中庸呢？因为这"中",实是个"控制方"的手段。控制情绪,控制什么人的情绪？当然是君子与小人的情绪。众所周知,情绪是一个不满或满足的表达方式。工农在工程类型的工作上,都是有明确达标指数的,工程优劣与喜怒无关,也即是它可以在实情下表现出各种情绪的,完全不必执于"中节"。比如一位农人,种下的南瓜收获丰收,他完全会高兴的在田头唱歌舞蹈起来,他不必节制这个发自心底的高兴劲。而君子之类服务于政廷下的人员,不论干什么事,首先你是要做给奴隶主或领导看的,所以脸面上,绝对不能忘却了主子,自己去那喜怒哀乐。显然这完全是因不同分类的工种不同,才造成的表情节制不同。工农只以工程的收成为其喜怒哀乐,而君主的子弟们,却以脸面做他首要的操守指标,所以才有"君子中庸,小人反中庸"的不同。

君子们的职务都是宫廷人员,要以"地术"执中庸服侍天子君王,这种专业心理是很职业化的,虽然它极度地扭曲人格。工农小人们根本就不会在宫廷里进行人事活动,也没有天天见到帝王的脸色,他们只按天然的性格行事。所以做小人们的工农,是反中庸的。你想,无故去扮女相那多别扭啊!工业者、农业者、军人们,都不必要如此扭曲自己的个性。

但孔子"升华"了君子这个职业上的表达,并对其主观地分出善恶来。他把"脸面指标"放到了做人的首位,把"反中庸"的人,去称为"小人"与君子对立起来。"反",在这里不一定是反对意,它也是"无"的意思。孔子这个"天命"的道,是要讲究"脸面指标"的。

评曰:

孔子拿着政界人物,与非政界的人士对比,用"君子、小人"区分开来。他说政界人物才具有中庸的品质,非政界的人士,完全都是些没有中庸品德的人。不但没有中庸之品,还是"反中庸"——直接是反对政界人物们的品质。问:这是不是社会里的普遍规律呢?我看,这更可能是春秋战国时代的社会阶级矛盾,已到水火不容的地步了。所以,《中庸》它不是给全社会看的哲学书,而是专门写给混政界之人的,这是一部庸俗的古代政坛关系学的专著——并非高洁的哲学书。若不是孔子认为,这个君子化的职业心理,决定它就是天下至善之人的总标则。依我看,孔子一定是把扭曲至"太监"化的职业心理概念,误认做了哲学的最高人格。必是他不懂哲学人格,与职业习性培训间的本质区别所造成的。

也许君子的生活,整天只与鼓捣着符号概念息息相关,他们不必像工农那样,为细节上实现物质的真实变化而负责。这也从侧面,描述了古代官僚的工作效率还是十分差劲的,只要符号表达上说得过去,就日子好过了。有点像某些人看年底政绩报表,只要看GDP上升变动的字面数额,就是算是造就社会富裕了。至于各阶层的民生究竟怎样,就不好说了。

违背因果论的有神思想,是那些在政坛上喜欢玩弄符号概念哄骗人的人士们,所普遍具有的心理毛病。

《中庸·第二章·2》"君子之中庸也,君子而时中。小人之中庸也,小人而无忌惮也。"

(译文:君子看中庸,只有君子才拿它去运行"中"。小人看中庸,只有小人才对它无所忌惮。<2—2)>)

● 这段是再次解说了，政界人物与非政界人士，于对待中庸之事上的不同处。孔子认为，君子在能把握到"中"的环境下，才得到中庸。工农永远生活在不忌惮于脸面的环境里，他们不能得中庸。这在职业习惯上，现在也能完全可以理解。孔子重在强调中庸，因为孔子主张做人，一定不要去做阳刚的工农兵，而要为做官，全心全意打下职业的阴柔基础。

评曰：

孔子一生办学游说的目的，无不是环绕着鼓吹读书当官的儒家主题。所以孔门子弟们，也以《中庸》为准则，视社会上从不踏入政界的隐居人士，全贬为"小人"。孔子在推广一种基于某种职业恶习，与偏见下所产生出的特殊人格。依孔子的观点，现代那些不做官员和公务员的知识分子，都是小人，是行事"无忌惮"的人。其实这种指责是没有道理的，我看除了少数没有社会经验的人，人们不做官员和公务员，一样也是严格地遵行社会规则并被法律行事。所以拿"小人"身份做了"无忌惮"的指责，是没有一点道理的臆断。

再看龙树的一生，他从不踏入政界，专以阐述佛陀"缘生理论"为中心，用解释与观察主观和客观世界的原则和方法，做为自己生活的全部意义。龙树的佛教大乘精神中，根本没有君子与小人的人格歧视性称谓，突出只有"众生平等"的佛性光芒。因为佛教的"中道"，它是建立在"我空"与"法空"的理论基础上。儒家中庸里的"我见"与"法见"，佛教认为他们未达"空"。因为他们儒者不知道：是由不同的职业"缘起"，才构成了不同职业的人格，人格不应分什么小人与君子。何况即使职业习性，尚有恶习与良习的区分。儒家偏执于"时中"，而弃"无忌惮"于小人，无疑是片面的歧视性眼光。用龙树的中道来看中庸，中庸之理是一种"我见"。龙树以严谨逻辑的阳刚手段，拒绝类于阴柔的模糊意志，科学情感的态度是刚正的理性，思维科学制止人类行动的阴僻与邪曲的情绪。

讲面子，就是在讲"精神"独尊。当有朋友露面，你上前打招呼："哟！朋友你的精神真好"，就是在从他面子上观察对方的脸色风光与否。所以给人面子，就是让人提精神头，让人继续或对或错地做下去。如果这是执政者的治政态度,有他没他我看没啥两样。若他是一种谋略,如同孔子这里讲的"时中",阳里任由他人做过头,目的则在于阴中下黑手。这似乎与共事环境里,谋事下的害人无疑了。我们能在官场中看到一些同事,当面总是"好好好"的,对错总是笑脸相向,而背后一转身就下手对人进行立马的"时中"。这种同事会是被大家认为是十分可恶的,因为他不敢当面交换意见的行为,态度上完全在与同事为敌。这种人,我们不总是叫他"阴刹鬼"么?在中国世俗观念中,我们总把物质论者说成是偏于阳的,而精神论者属于阴。如果一个正常的社会环境里,出现了一个炯然精神突出的人,中国民间会把他视为是精神有毛病者,会讲他身上有"阴气"。所以辩证唯物论者是不太会出精神疾病的,一门心思强调谋求以精神去克制物质规律的人,马上会让人联想到他是一位想入非非的精神疾病患者。所以,给人面子,在社会里又称之为"灌黄汤",意即给他喝醉了酒一样让他继续迷糊下去,这是社交上害人的方法。身心健全的人,决不会让精神超出身心50%的份量,用古人的话说是叫"阴阳"平衡。一但精神与物质不平衡,要么是狂妄,要么就是弱智。

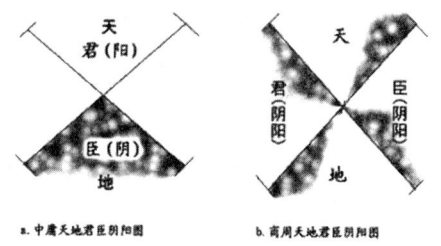

a. 中庸天地君臣阴阳图　　b. 商周天地君臣阴阳图

a图所示,它是个孔子发明的伪阴阳模型;只有b图才是人类从远古流传至今的,真正的阴阳天地模型。在甲骨文中,这个符号叫做"癸",是天干的第十位符号。从中,我们可以轻易地看到它具有有关"质"的二元数学性,及传播的历史性和世界性。

所谓"质"的二元数学性,用数学理论表达,又可称为"素质数的内涵必然具有"两个素质数之和"的性质"。用哲学简单的讲,就是如b图的四个象限区域的任意一个,都可具有阴和阳的表达,这就是某个象限之"质",它必然有的二元性存在。我们不但可从中国古老的文明遗物中,能发现它的痕迹，也可以从相隔喜玛拉雅山另一边的古印度文明中，看到它的存在。如图所示：

大家所熟悉的"万字符"，它很简洁地表达了自然阴阳的状况。当然了，崇拜这万字符，与了知它承载的古老数论信息，是两码子的事。我只想说明，早在数千年的古代，我们人类已获得了描绘自然天地的数学结构，无论是古老中国还是中古印度，它们是殊路同归。我之所以提及古印度的"万字符"，是因为它表达上与中国的阴阳文化有关，更与公元三世纪的龙树大师有关。龙树大师所运用的逻辑工具，古因明学的五支论法，也暗合着阴阳理论的空间观念。这不是什么巧合，而是语言上质朴唯物且辩证的必然体现。下图所示，则是中国仰韶文化中出土的，半山型彩陶的纹饰。

应用思考（之五）

不论古人是把大脑逻辑的源头，视为上帝的创造与否；也不论东方还是西方，他们都在同时运用二进制与十进制共存的思考格式，从计数到语言的思维全都不出这个范畴。"逻辑"一词是日本音译的汉词，同义于日语的"规则"意。所以我说二进制与十进制的交互运算，它就是大脑运行的根本规则，一切悖论的产生都是由于运行规则被破坏而引起的。其实，还是用唐代即有的汉词"因明"，来称呼大脑运行规则更确切些，其意指大脑的基本功能——明辨因果的过程。

十进制格式的思维态，是人类用以统计现实事物的常用格式，在这个格式时刻，人的临时意志会归为唯物的态度。而二进制格式思维，则被用来专做归纳分析，提取价值观来判断事物质变下的属性，所以此刻临时的意志又是唯心的了。现实中思维健全的人，必然是唯心唯物互为交叉的思维，而且是十分确切地运行着各自的运算规则又互为照应，从而构成了全逻辑态的思维把握。一个人的思维若单有二进制的判断意志，他必会行事武断主观唯心，他做不成与现实相关的事务累积。若思维只是全然十进制的，他必会舍本逐末的唯唯诺诺，机械地做事收拾不了全局。事实上问题更有复杂的，也就是两者共同运用时的前后错位，这就是一切悖论产生的机制所在了。

所以，统计演绎与归纳判断之间，形式逻辑上必是有个明确的端头。两者谁先运行，决定了事件的发展属性。统计演绎的结果产生了量化事件，比如从1到2再到3……的计量，这是十进制全数的运算，属于内逻辑范畴的思维。而要运行内逻辑，人脑就必须为内逻辑择定一个外逻辑的价值观，外逻辑是依内逻辑素材来实证和制定利益取舍的。真正的大脑全逻辑态，二进制不得违背十进制的利益。所以临时心智的价值判断活动，也就不再属于全权的唯心主义。而构成称之"辩证主义"的心理活动，"二进制.十进制"的规律性交互思维运转，完成了辩证唯物主义的全逻辑态。

我们看孔子的教学，他以天命做为无理式开端的结果，构成了一个以各种悖论格式的言论建立起来的古怪哲学，不但其哲学模型上违背了自然科学的属性分类，竟斗胆把天文地理与人物职位进行混淆，而且要求做臣的只去执行单一的十进制思维，做君的只用二进制思维，结果必然是两个思维格式的人，都不再拥有全逻辑态的健康大脑。设想，让孔子现在为我们演示亲手打开计算机，他会是滑稽的先去1、2、3、4、A、B、C、D的数按键，而不是用脑手做出二进制开关的判断。以此类推，他现实里也会是一个永远打不开愿望局面的悲剧人物。不但如此，他因为错位运行思维规则，若叫他去发明电脑的话，当然是搞不出任何运算机器的。因为孔子不知二进制与十进制的运行关系里，是不能互换位置或抽掉部分的。一台能独立运算的机器，逻辑运行机制必然是与人类大脑机制匹配的，是健康大脑下的规则的复制与延伸。显然，他至死也没搞懂以二进制为手段、描述十进制现象的《周易》数理原则。

曾有人怀疑我对"君子"进行定义的观点，说我所注释的"君下子弟"是无根据的想要推翻传统对"君子"的定义，我的解释则是依从汉语学的科学化分析。我们知道：汉语的"合成词"分类里，有三大构造方式。它们中有某种专以"定位语素"，来粘附于某词根的两端。以构成或前缀、或后缀的合成词表达式，这是叫做"附加型构造"的合成词。以"子"为例，比如刀子、儿子、影子、银子……这是以名词词根，为其依附对象的后缀；也有另一种以量词的词根为其后缀的，如"一下子"等等。它们词根上面粘附的这个"子"字，并不具有独立意义上的存在。这种构造，就是"合成词"。①

人们会以为"君子"就是上面这类的，属于附加型的名词词根的合成词。我要指出："君子"一词，实际上是另一种称之"复合构造"的构词法就够造的"复合词"。它不是"附加型合成词"，而是比较典型的"偏正关系"所构成的复合词。我们仔细观察：君与子两字，它们都是可独立的词根。"君"是指君王，"子"是指君王下面的各子弟们，这符合周文王用来约束君王子弟的第一部官方法典——《周易》中称谓"君子"的定义，也符合孔子对君子皆要服从君王的这个一贯定义。所以"君子"是双名词的复合词，并且这两个名词具有以君为"正"、子为"偏"的构成关联，所以在汉语中必然属于"偏正型的复合词"。而非是仅做为"定位语素"且无实有存在意义的、又粘附于"君"词根下的一个后缀词，它不是人们一直所以为的"附加型合成词"。

对于我这个观点，另有一个"声明学"②上的依据可以支持：汉语对于"附加型合成词"类"子"的后缀读音，是以轻声的发音，为其正确的表达。而"偏正型复合词"用于"子"的正确读音，则应以重音表达。我们现实中对"子"的读音运用，显然不能用类似"儿子""桌子"这样轻声的读君子"子"声，而应与前一个词根并行重音的去读"子"声，就因为它也是与前词根一样的一个独立词根，所以不能乱做虚词化处理。

当然，我们也可以方便从古文字典上，查到"子"字具有朝廷封位的内容。"王者之制禄爵：公、侯、伯、子、男，凡五等。"③可见，"子"是君王所指定的第四等级爵位。由于孔子在生活中有不少把不是"子爵"身份的人也称为君子的事例，这可看为孔子言中的君子，是泛指在禄爵制度上有所道德努力的那些人。禄爵制度定义了这个君子的名词称谓范畴，显然只能是指君王所领导的合格子弟们。

这段议论的铺述很重要，它将成为理解春秋时代"君子"与"小人"的真实义，为下文做出考证意义的依据。

---

① 详见商务印书馆 1983 年 9 月出版，朱德熙《语法讲义》。
② 声明，佛学五明之一，原是佛门以梵文为对象的字义音韵学研究的学术。佛教传入中国后，西夏文、藏文、蒙文与汉文等的字符研究，也属声明学的内容。
③ 详见《礼记·王制》。

5."孔丘悖因"

《中庸·第三章·1》子曰:"中庸其至矣乎!民鲜能久矣。"
(译文:孔子说"中庸真是高深啊!民众很难长久运用的。"<3—1>)

● 孔子说这个中庸,"民"——民众,很少会长远地依着它做下去。说白了,是说民众在对待处事问题上,从不以中庸行事。虽然,此是孔子赞叹其中庸的宝贵,但这里还说明了工农民众,客观上也没必要去行中庸,中庸只是孔子主张的政界君子职业操守。也许,孔子并不在意民众中的小人行不行中庸,他只在意君子们要如何致中庸吧!

评曰:
佛教与儒学的区别在这里:佛教从不会涉猎如儒家所谓"民鲜能久矣",如此官与民的价值对立。而是主张开展思辩,针对类似儒家学说思想的清理与觉悟。儒家的学说提倡了官民对立的价值观,就是内部搞斗争。佛教把儒家这些鼓吹阶级社会对立的学说,视为是极端的世俗学说。出离这世俗化的阶级对立,对这种社会对立加以心理上的觉悟,是佛教千年一贯的主题。所以,佛与儒,在于"道"的问题上,实是反向的。儒学主张维持社会已存的阶级对立,而佛学则是主张人人平等、因缘所成。

《中庸·第四章·1》子曰:"道之不行也,我知之矣:知者过之;愚者不及也。道之不明也，我知之矣：贤者过之；不肖者不及也。"

（孔子说过"道已行不太通了，我是知晓的。那是有智的人总是做过了头；愚笨的人却又做得不到位。道已不明晰了，我也是知晓的。那是贤能之人，所知过了头；无能的人，却又不能尽知。"＜4—1＞）

● 孔子认为他所涉言的"道"，何以在现实社会的人群里，总是不能做得洽到好处，乃是因为贤良的有智之人，常把道做过了头；而反之愚笨的人，又做不到位，所以这"道"才行不通了。

评曰：
孔子此处，看似在客观描述着道的现状，而实是借现状讲"道难以把握"的理由。他内心里很希望学生们来学他，跟从他把这些"过之"与"不及"的行为都戒掉。从《论语》一书中所记载的典故看，孔子便曾拿子贡的"贤"为典型，批评了"知者过之"；也拿出子路的"愚"，批评了"愚者不及"。所以此段言论，旨在说明跟从他孔子学道的重要性。类似子贡的"过之"，与子路的"不及"，都可以因他指出的"道之不明也……"的解释而改正。

《中庸·第四章·2》"人莫不饮食也。鲜能知味也。"
（译文：虽然人们每天都在饮食，但很少有人会知晓如何去品味食物。＜4—2＞）

● 孔子说，对中庸的品味，如同人人都在吃食物，但讲究美味佳肴的滋味，那种如何品味的高贵学问，却并非人人都能知晓的。此段，是继续了上段对工农小人的否定，转用工农与贵族饮食生活的不同，来证明"愚不肖"与"贤智者"这两极间，在道上感受的区别。看《论语》中孔子的介绍，古代贵族饮食十分讲究食材的品味。但工农对那种自身粗陋的生活条件，来不得品味美食的讲究，也没有条件去讲究。贵族追求美味出自舍粗求精的贵族物质条件，而工农只有食粗粮的生活水平，他们的饮食标准里不能如贵族的百般求味。反之，而在于忘味——在食用中，时时忘却食品的苦涩，所以两者精神价值的内涵是不同的。孔子认定了知味必须是求精舍粗的，所以他认为愚者之不知"道"，如同于人的不能饮食知味。如此一来，从逻辑证明了，孔子所谓的道，即等同于贵族饮食一般的精神追求。道的精神，无异于就是一种贵族精神。古代的"贵族"，即是宫廷官僚的代名词。官僚们，必须以主动"太监化"为自己的终极道德。所以，孔子借说"知味"，实是要官僚们都知道，能做到"心理太监"的好处。

评曰：

以中庸那阴柔的人品，与阳刚的所谓小人相比，它似更附合君王的社会需要。据孔子下面所介绍舜帝的"中"德，我推测：帝王好象是常以垂问臣民来为政的。孔子认为臣民对应于领导的俯身垂问，进行阴柔性格的道德培养很重要，不然，就可能会造成"天地间的不安"，就像妻子对丈夫的不顺从，孩子就生不出一样。孔子所在的周朝，已是男帝社会，孔子认为既然以男性为"大"，你是下级人员，就得认从"君子"自任为"政治之妻"，做出阴柔的顺从心态。即便在男人群中，也划出了一部分的男人，来做"男人中的女性"，不然就会触犯了帝权的社会结构。

借了男帝社会的以男为"大"风俗，加入了以"帝"为"大"的政治结构。两个字同内涵不同的"大"字，一时成了孔子偷换概念的巧妙工具。如此伪逻辑的新人格典型，就这样被孔子搞出来了。这个逻辑目的，是针对如何去做一名君子而造出的。孔子认为权力下的君子，只能是自认为"妻"，从而完成男权社会里的"伪妻化"倾向。

《中庸·第五章·1》子曰："**道其不行矣夫。**"
（孔子说"道已行不通了呀！" <5—1>）

● "率"了才能"行"，不"率"故不"行"。孔子说，以"率"来节制人们个性，这个道，社会中实行不了，已经很久。孔子叹其中庸于现实中，早已不存。

评曰：

其实，中庸并非来自天然，这毕竟只是孔子刚发明出的道。孔子推说"道其不行矣夫"，暗讲这道是由来已久的，只是现代已不实行了。这种宣教，是"退一步而进两步"的手段，隐藏起自己编造的因素，借伪的"天然"来劝说人们都放心地学它。

孔子所称赞的这男子女性化般的"道"，我们就算它是历史上曾有过的。这个道，也是与孔儒之道在不同社会时代的东西。它的消失，只与社会进步有关。从现代非洲母系社会的博罗罗人部落上，还可以看到强调女性化扮相为"美男子"的风俗，他们虽然也很勇猛，但只是为了取悦女君。中国远古时代的母系社会里，也有这种观念。直至父系时代的到来，彪悍粗犷的男子社会个性，才得到释放。商周时代都是父权社会，男子都以直率为正。像孔子这样强调阴阳隐晦的，它当然不是为了在女性面前选美，而是为了认君王为"男"，故而主张转换性格，自愿扮出"伪妻"而已，做的是"政治关系夫妇化"的把戏。

孔子主张的，是一种在女帝早已不备存的社会条件下，向男帝做出"伪妻"的示态。他在男权社会里的政界小范围内，复辟出了一个类似母系社会的原始上下关系，充其量其内只是这帝王由女性换成了某个男性而已。当然，我们知道：领导的垂问，也绝对不是下级应去扮"伪妻"的正常理由。

总之，孔子推行的中庸，乃是一个糅合了原始母系社会与男权奴隶制社会的主观之道。在奴隶制社会转向封建社会进步的时代中，孔子鼓吹以一种复兴原始母系社会的方式，来拯救奴隶制男权社会下的政治危机。用文化倒退而非与时俱进的发展心态，悲剧的做了自己的思想导向。这个导向，可以解释孔子在《论语》中，何以会多处赞叹原始部落的帝王了。论说，远古母系社会里，情感因素构成了社会结构的政治主流维系关系。在女性主导下的原始政治，也许可以让男性成员们为情而勇猛异常。但在中庸社会的男权君主体系下，只能让伪娘化的男性成员们，为了宫廷谋生做出万分的诡诈与心理懦弱。为情凶猛的人，做事理性成份必然不足，所以用"偏阴"的规矩来约束这些人，成了管理的必要。培养这种君子，其目的不是为了勇猛，其实孔子也很反感勇猛，他只求得一种不用开动个人大脑就可实施的"技术",偏向于阴的中庸术调制,就是他认为的"道"。其好处,无非是有了绝对的服从。这个实例,从孔子所培养的人身上去观察,他的学生子路正是这个典型。

过去我们传统的中国,有对兰花的艺术咏诵,那是基于对科学上植物兰科——兰属春兰或蕙兰的喜好,春兰蕙兰才能称为真正的"国兰"①。好比古代国政的正常之道,原只对施政手段讲"阴阳",如同真正的兰花,只生于幽谷。可是,有人拿来了"君子兰",说它也是兰花,并说:一样的革质叶片,一样的肉质根系,一样的可植于腐植沙泥……它不就是兰吗?而且是兰中的"君子"!所以叫"君子兰"。但当我仔细地考察了它的植物学种属后,方才大惊:这种兰中"君子"的称呼,简直就是一个天衣无缝的骗局!它根本不是什么"国香"的兰科,而是"石蒜科"②——与让人口臭的大蒜头,更有着某种重要的共同属性!依我看,孔子这君子"中庸之道",显然就是个石蒜科的"君子兰"。心中种上了它的人们,误以为"中庸之道"就是国家真正的国政之道,会误国误政。反思孔子的"君子之道",能让人去想到吃蒜后的那种口臭,真让人无语。

应用思考(之六)

人的男女都是天然各有其心理特征的,虽然在比较上用阴阳来区分男女人心性特征是可以的,但是男与女单从个体上论,每个人都是阴阳具全的,都是在阴阳具全中才体现出个体特征。所以,男女性别特征上的判别是天然不用调制的,个人在性别阴阳上用某种精神理念或手术药物调制出的行为征象,都是变态的反自然行动。变态行为的行动若是出于主观意愿,必然可以从他的思维上找到一个内在的悖论结构,是变态者大脑中长期运行着十进制与二进制的冲突,造成了对现实类似简单定性的主观。由于把人与人的共性忘却了,单持个性去定义于什么阴人与阳人,这种显然违背自然规律的观念,是孔子君臣中庸关系不存在严谨科学性的主要因素。孔子以君为阳人(男)、臣为阴人(女)的所谓政治理论,实是人际关系的变态,它让政治变得浅薄化。

其实用全逻辑看,不论领袖还是公务员,都是个体于十进制的公民身份。是在现实十进制的社会合作关系中，担当各自或 A 或 B 或 C 的分工工作，工作之间亦是互助的关系，从内逻辑上并没有什么阴人阳人模式的存在意义。领袖人物（君）与公务员（臣）之间概念名词的区分，是抽象外逻辑区分的需要，只是"文字概念本身的有阴阳"。把现实生活中的人分为阴人阳人，是对人类共性的霸道否定，是把领袖人物做了天神化。孔子教学生们去谋阴势以为官，目的是要神化君王以给君王灌浑汤，是为公务员们提供搞阴谋的空间。所以一个健康的政局里，是不应有阴势之人出现的。真正的社会人际合作关系，只存在建立于人与人共性上的学科分工，不可以用阳势或阴势来主观制定人的行为规约，这已为健康思维的科学逻辑所默认。不论古人是把大脑逻辑的源头，视为上帝的创造与否；也不论东方还是西方，他们都在同时运用二进制与十进制共存的思考模式，从计数到语言的思维全都不出这个范畴。而把个体独立的人视为"阳人"或者"阴人"，则违反了对现实事物进行全逻辑的观察，是犯了"形而上学"的错误。因为在观察事物中若不以全逻辑的方式，而只用片面的判断来为事物定概念，是极唯心的大脑行动。它违反了讲万物阴阳的、自己所崇拜不已的《周易》法理，也触犯了全逻辑的科学思维方式，成了反科学且反学术的行为。

　　清末的章太炎能指出"儒术之害，则在淆乱人之思想""儒家缺少明晰的见解，议论止于含混"[③]，但章太炎还不能指明儒术所淆乱与含混的根本之因。人的思想上追求了什么样的外在形式，是源自于其内在思想根源中思维结构的是否科学化。追求与信仰只是外表的相，思维结构是它内在的路径，思维的科学与否决定了外在行为的判断操作。不然，我们依旧遇事还会搞不清类似于君子兰与国兰的那些区别。

　　母系社会这样的氏族公社，虽然男人们也可以为人很勇猛，但是滥情的勇猛，则远多于科学理性的行为处置。回归母系社会重于情感因素的价值观，是孔子思想的内在愿望。所以复辟一个母系社会条件下男性官僚的行为态度，成了孔子在他的伪阴阳学说，及各种教诲里要反复阐述的。而我们的现代社会，对实在事物的辩证与客观，乃是唯一正确的主题，并不是孔子那样母系社会的滥情，也非父系社会的刻薄理性。彻底放下情与理的矛盾纠结，用一种正确且无漏的态度来实行正常的社会交往，用科学化的人际关系而非复古的滥情与刻薄。只有这样才是真正处理好在社会里，职务间人际关系的正确方法。

---

①卢思聪：《兰花栽培入门》，金盾出版社1997年5月版。
②梁莉、李刚合著：《君子兰》，延边大学出版社2002年4月版。
③郑师渠著：《晚清国粹派·文化思想研究》，北京师范大学出版社1997年版。

6. "拓扑环带"悖论式

《中庸·第六章·1》子曰:"舜其大知也与!舜好问以好察迩言。隐恶而扬善。执其两端,用其中于民。其斯以为舜乎!"

(译文:孔子曾说"舜帝是大智慧的!舜习惯于以提问来察看反映,他抑止恶行推行善事,两端都把握得住。用这种以"中"对待民众于的手法,这才是舜帝啊!" <6—1>)

●孔子认为舜帝才是大智之人,因为舜喜欢提些疑问,用来审查身边人言论的正确与否。孔子举示的例子,是古人"率"以行道的公共典范。舜在执政中,对"两端"——身边人两种不同的个性观点,采用了"中"的手段,孔子认为这就是"天"之道。

评曰:

这里,孔子以"舜好问以好察迩言"为范例,阐述帝王行为的"中",是对下属"执其两端"的垂问。我认为:如此似乎就是上古时代的传统帝政手段。所以孔子借助上级"天子之问"的"中",以求得下级必须的"节",即成全了下级"伪妻"的阴柔。

龙树在《中论》里,的确也反复出现类似于A端与B端间,文字符号节点的议论。但是,与《中庸》不同,龙树的论题,并不是"隐恶扬善""执其两端"的纯粹政治手段。而是与行为善恶无关的、纯粹的逻辑形式的概念学议论。重点放在与"因—果"有关的,一系列佛法概念术语的解析上。所以，龙树的《中论》，只是对显现线性进程关系的一维"因果论"，其树型下诸多概念术语关系的议论，有着严格的范畴界定。而孔子的《中庸》，特别是<6—1>文段，这个"执其两端"的舜帝之"中"，玩的却是"善—恶"间、非线性的，具有"正负面"特征的二维议论。

"中"的技能，无非是以善恶两面，相互黏搭而成紧曲面的莫比乌斯（Mobius）拓扑环，做模糊的是非把握。如此模糊不定的政治把握，竟成了"用其中于民"的政治决策方案。这引入拓扑环为政，政术上是十分荒唐的。别的不讲，就说现代的食品安全的政府管理，若也学了这种英比乌斯拓扑环的孔儒政术，来治理三聚氰氨牛奶、地沟油生产这类的政务，那么必是会遗害无穷的！又如同市场食品里的添加物，已被食品安全部门判为有害后，官员用"执其两端"来发布政令：此添加物有害，基于工厂里的添加物还没有用完，或市场里有此添加物的商品没售完，故宣令在半年后的某月某日起，才中止有此添加物的食品出售。如此模糊成"中"，不是在明知故犯的害人吗？所以，"用其中于民"，是真要误国误民的。

上面，我用事例来证明了，孔子赞叹的"中道"并不是个科学的政治手段，它因为推崇了"模糊态"而效率不佳，且有是非善恶不分的情欲价值观左右着政治，它是个危险的政术。我认为舜帝也未必是以这种荒谬的手法去治国理家的。这完全只是孔子托了人们对舜帝的景仰，借以推销自己所发明的"中庸"政术而已。其实，孔子是想灌输一种方式，让君子们主观的嘴巴可以有效左右君王。他鼓吹，要以君子嘴巴为决策的政治尺度，为君子精英们留下近月楼台的获益特权空间，而不是以事实原有的客观规律为定论判断。这些精英的君子们，他们的言论，可以如此完全的决定君王政治模糊的程度，它是多么可怕的政术设计。在概念的逻辑运算中，类似英比乌斯（Mobius）拓扑环上的概念判断模糊，是非理性的反逻辑态度，在人类大脑活动的命题演绎归纳运算中，如同运算的证明，反而反对了自己的命题。

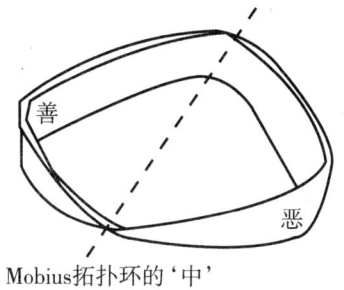

Mobius拓扑环的'中'

以上三段式逻辑可表达如下：

莫比乌斯拓扑环中的善端与恶端互通，
以此拓扑环为善恶是非判断逻辑态。
_____

∴ 善恶都一样，成立。

  莫比乌斯（Mobius）拓扑，是一个典型的悖论格式，它会把线性的语言逻辑态，导向极荒谬的结论。实验中，当你在二维中绕莫比乌斯（Mobius）带运行一周后，连你左边的心脏，都会"合理的"长到了右边！所以莫比乌斯（Mobius）悖论，是诡辩者去游说人们犯错的常用工具。运行莫比乌斯（Mobius）悖论在现实里，心脏位置当然是不会真改动的，它真正会改变的是人的思维！它让你从怀疑态，自己都会莫名其妙地变成信赖它，而诡辩家就是要达到这个他想要的结果。依照莫比乌斯（Mobius）带的线性运动，比如语言态上，就可发生概念理解上的"镜像反转"，这是一种十分可怕的反逻辑游说方式。

  故而总结得出，孔子的"中"之态度，用于君王的是非命题判断上，必将会体现为一名昏庸之君的作为。有趣的是，莫比乌斯悖论其线性运动一周的结果，虽然是与常理悖反的，但绕行二周的结果却又回到了原式。可惜的是，我们被诡辩家欺骗的时候，常常只是跟着诡辩家的语言运行一周，就马上抛出意识判断了，并不会继续思维下去的。故而被导入莫比乌斯悖论的人，竟已"镜像反转"而不知，成了无理者的俘虏。

  我认为，一个成功于人群中执政终生的帝王，没有被推翻和自毙，显然他是思维正常不缪的。尧舜的执政哲学，也不会是莫比乌斯悖论的方式，他们都必须符合自然法则的规律。只有孔子这类执政失败的，又四处鼓吹推行某种理念而不获的人，才可能是千方百计的在试行悖论思维。故而导向了他的百日政治，既杀人又屠城的政治悲剧，这毫不奇怪。

《中庸·第七章·1》子曰："人皆曰'予知'，驱而纳诸罟擭陷阱之中，而莫之知辟也。人皆曰'予知'，择乎中庸，而不能期月守也。"

（译文：孔子曾说"人人都讲自己是智慧的，却常因此被投入了各种机关陷阱内，但不能知悉而回避。人人都讲自己有智慧，若让他选择了中庸去做，却总也不能长守到底。" <7—1>）

● 这是继续上段的正面例子，批判了不会"率性"的人，是拥有了"我智慧"——"予知"，所以害了自己。孔子认为人们若遵循了"我智慧"的态度，就算已选择了中庸，那是仅做一个月，都会守不住而自动放弃的。

评曰：

此是意图解释"中"：舜帝以垂问于下人为"中"，那是讲舜的"不予知"态度。讲解天子不做自主执政，就是帝王"用其中于民"的"道"。此处虽然是解说"天"的"中"，但目的，实是要向君子们推荐做"地"以"节"。

一个人担当"我智慧"的精神，与其称自己很聪明，是绝不相同的。佛门以智慧为"般若"，智慧中的独立思考能力——禅定力、戒力、慧力，就是要每个人都应能独自担当"我智慧"的本质。所以孔子在"中庸问题"上，反对学生去担当禅定静思维的能力，是霸道地在阻止学生独立思考。

为什么具有禅定独立思维的人，会被孔子说成了守不住中庸的人呢？并没有别的，因为独立思维的人，是不会人云亦云地盲从他人。而孔子的中庸要求学生盲从，故而中庸视独立思维为"陷阱"。古语"予知"，现代语译即为"我智慧"。所以孔子显然认为做人，不应有智慧的承当。佛教的般若，此处竟变成了儒门的罟擭陷阱。

孔子总希望人们去盲从中庸，信誓旦旦这个中庸之道不是骗人的。我们冲着这，也就很值得要对它进行思考了。当然，那些愿意盲从孔子的人，是放弃了"我智慧"，而只自认"我聪明"的。他们也许择上了中庸，真是会守上一辈子。

"不予智"被孔子认做符合了南面术的态度，我们知道：南面术古代又称之"无为法"，这已近似"不可知论"了。说到无为法，有人立即又会向佛法的大乘般若"无为法"上想。《金刚经》偈中说：

"一切有为法/如梦幻泡影/如露亦如电/应作如是观"①

于是把大乘般若法指做"无为法"。有人以为孔子的"不予知"就是般若智了。其实，无为的般若法，并非孔儒的"不予知"。佛教的般若智，是专对修行出现优秀的概念状态后，进行的逻辑实体论证。从而指出佛教真正的优秀修行状态，并不是静止不动的概念，佛教指出真正优秀来自于优良持续，而非只是过去、现在或未来状态的片面优秀。龙树，正是依据这种佛陀的大乘思想，构建了"中道"理论。不论佛陀还是龙树，其经论并无涉及"不可知论"下的"善恶"之议。而只以智慧可知下的"善中之善"为议题，故而不是善—恶"执其两端"的内容，而是善—善"点中之点"的逻辑态。所以两家同有"无为法"的夸称，但决非是一个内涵。佛教大乘般若智，是"善—非以善之名—为其善"言之"无为"；而儒家则以"善—以隐恶扬善—为其善"，所以议论范畴不相同，不可等而视之。

用般若智观孔子的"不予知"，可以看出：孔子的善，已落在"善之名"里了。所故，用佛法说，孔子的"不予知"，是典型的"有为法"，不是智慧。当然，"不予知"的译意，就是拿"不智"反做为自己的智力，显而是"以不智慧为真智慧"。说白了，它就是个"反智慧理论"。主张的是做人模糊理论或装糊涂态度，明显违背了其逻辑的可证性。般若智，用龙树的逻辑解释，则是智慧的，是真正的智慧主张。它提倡"智慧之至，以持续的智慧，为真正智慧"。龙树站在佛陀一边，主张做持续无间的智慧人生。故而，中道不等于中庸。道家的老子有曰："道可道，非常道，名可名，非常名"②。这句话也是讲南面术的无为。而老聃思想是与儒家思想显然是对立的，同样讲无为，同样也崇信南面术，但对于无为的理解，却是反向的。不但如此，佛教般若智的"无为"，与权术之争的儒道中庸，更有着与上述两家不同的哲学内涵。佛教以获得智慧的专有教学法，为其独特的"无为法"。

《中庸·第八章·1》子曰，"回之为人也：**择乎中庸，得一善，则拳拳服膺，而弗失之矣。**"

（译文：孔子曾说"颜回的为人态度，是他选择了中庸后，一但得到一个好处，就能从心底里来全部佩服它，不愿再失去中庸。"<8—1>）

● 这是用颜回能不"予知"的"弗失"道，来证明舜帝之"率"。放在儒家学生身上，就是强调要"守善"。其用意，无非讲行中庸之道，要学会于中庸仅"得一善"，也要"拳拳服膺"地守下去，才能回避于"我的智慧"这个陷阱，才能永远"弗失"中庸。

评曰：

这是借颜回的君子榜样，讲君子如何以"节"，转做对中庸的守道。孔子宣讲的舜帝之"中"，与这里颜回的"节"，完成了"天地位焉"完整的"中节"示范。中与节，是孔子捏合了母系社会、男权社会结构于一体的怪东西，是以"权"为中心，构建"政治恋爱"般的一对职业概念。

颜回拳拳服膺而弗失之的，若真是个有完备逻辑的哲学概念，那也就算了。但是捉持中庸这么一个偏废的理论，则恐会害人。颜回悲剧的一生，与孔子称赞他的"服膺而弗失"，是有直接联系的。

《中庸·第九章·1》子曰："**天下国家，可均也；爵禄，可辞也；白刃，可蹈也；中庸不可能也。**"

（译文：孔子曾说"你掌管国家，可以做到人民均富；你享爵禄官运，可以做到萧洒放弃；你在战场刃搏中，能勇敢上阵。但实践中庸，却未必能行。"<9—1>）

● 孔子说：你就算是个帝王，能让天下国家的人民，都得到了民生公平的富强，也未必是个能中庸的人；就算你能不贪财禄官爵，是个清高的隐士，也不一定能做到中庸；就算你是不惧生死，可蹈白刃的勇士，也不一定是能做到中庸的人。

评曰：

中国古代最早以"日月阴阳"，为自然界的模型。现在还可以从《周易》上，看到它曾经的思想主流地位。从孔子以君为天、臣做地的政治态度看，孔子是把政治的"日月阴阳"，更加地发酵成"男女阴阳"来议论。做为妻的阴性，就成了下属男性官宦"伪娘化"的性格要求。所以，孔子讲那些有勇有谋有公义心的人，也不一定就能做得到中庸。

关于南面术所依据的传统世界观，我们现在仍可以从原始社会的仰韶彩陶纹和商代甲骨文上，看到它的真实传承。那个称为癸的符号，说明了天地万物的阴阳构成。它完全从影射几何学的焦点出发，划分上下区间，分别是天与地；左与右区间，才是表示万物的阴阳区别。可是孔子曲解了传统中极具科学性的世界观，把万物中的某一部分有身份的人，以不属于生命万物的方式，纳入到了"地"的区间里，同"天"做起了上下的匹配。这类被孔子用来配天的人，就是孔子说的君子。而这样一搞，虽借助了"地属阴"，君子有了"伪娘化"的理由，但孔子如此又把"地中含阳"的内涵给扔掉了。因为把伪娘化君子也认为是地，要叫君子去配天，地就成了死板而绝对的阴。它不但破坏了生命万物不是地的原有传统逻辑，也破坏了地的阴中也含阳，这样一个辩证的理论。由于这个符号，在早先是没有政治意味的，是单纯视觉化的自然界世界观表达。所以天与地，是与生命无关的上下区间，一如我们视觉上看到的自然现象一样。可是，政治上出现了帝王统治后，帝王自称为"天子"，于是人们误以为天子是全权代表了天的区间。孔子更以"天子"与"君子"的不同，制造了要君子全权代表地的区间。这样一个荒谬的理论，从而天地被君臣各自所代表，一个具有科学性的自然天地的世界观，被异化成了政治结构。

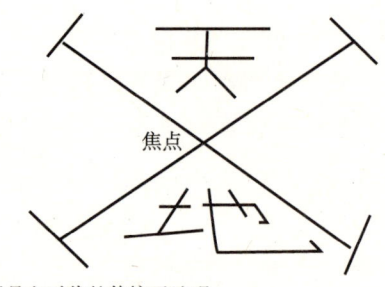

甲骨文时代的传统天地观

"伪妻"——"伪娘化"的职业性恪，大多数有勇谋的刚正男人都不愿为。所以，孔子直说三类人：那些为国为民的人、清高自洁的人、勇猛无畏的人，这些人都一定不是中庸的。分析出这三种人的共性，可以知道他们没有达到中庸的原因了。毫无疑问，直爽的阳光心理，是这三种人的共性。"可均"，是均贫富，是指这人有很强的公义心，好出头去图谋帮助社会的弱者。"可辞"，毅然推辞富贵的条件，指不染污浊的自洁品格，算是高洁隐士吧！"可蹈"，是敢于赴死的勇猛心，指战斗的勇士。这些人与行为，都是阴暗心理者所不愿做的，前三类人拥有直爽而阳光的个性。

孔子用强烈反衬的文法，直接拿出这几个案例。讲明了：中庸的持有者，就应与诸多阳光性格人士不同，他无异是主张人格要做得阴暗些，这合乎当时的语态意向。孔子对于"执其两端"，在下面回答子路问题时，更用"南方的强，与北方的强"做了示范，以表现"强不强"的问题上，如何在两端上作定论。

孔子谋求寄居于自然科学世界观的模型，把这个自然科学的模型理论，以"形而上学"的姿态，抬高到了政治学模型的高度，并以不可辩驳的社会学真理自居。在形而上学态度下制造出的中庸理论，强调着收集实证的经验理论支持，比如用些男女情感经验之理，来充实这个形而上的政治理论，如此也终是徒劳而矛盾的。显然孔子在政治学建模上，幼稚地犯了任意混淆议论范畴严重差异的毛病。

自然科学的天地阴阳模型，与社会科学的政治模型，是不是因为它两者都共含有了"人"的（男女）内容，就可以模型共用呢？其实它们是不可混淆的。由于自然科学与社会科学之间，它们组合元素时所用的"缘"不同。虽有共同的"因"，但自然科学中的人类只是它全数中的一个小分子，而社会科学是人类活动关于两人以上社会关系的范畴。又，男女间的"阴阳关系"是自然科学中的人类生理行为关系，它既不是自然科学的全部，也不是社会科学的全部，只沾上两者一点点的边，而且阴阳男女议论也完全是个可以被略去的人文内容。若以这几乎在宏观社会学上完全可忽略的边缘内容，来做为"理论"的重要连结物加以无限发挥，这几乎就如同用"酸碱关系"来代做皮鞋匠和皮革揉制的共用理论，结果必然是荒谬。虽然皮鞋匠也许真要以酸碱关系来看制鞋辅料，皮革揉制的规定中也有酸碱关系的要求，但似孔子这类因之将"酸碱关系"做为"皮鞋匠的人格模型"，如此加以拔高则是无比逻辑荒诞的。

孔子的"政治阴阳理论"格式，实质上是一个变化了的"卡罗尔坏钟悖论"而已，虽然他以"阴阳"符号替代了"坏钟悖论"里的"准时"概念，但它们在格式上同样有一个"A物B物共有C性成份，所以C性等于A性和B性"的错误。"坏钟理论"的简单描述如下：一台钟每天慢一分钟，另一台钟坏掉已不动，问哪台钟更准些？在牛津大学基督教某教堂里的英国人卡罗尔证明说"不动的钟比慢钟更准些"。理由是慢钟要720天才准确一次，而不动的钟只要12小时就准确一次。

数学的理性可知，这个"准时"的抽象定义，被卡罗尔从现实意义中抽出来独立定位了，已是个不具原有现实意义的抽象词。而B钟因速率的绝对性——不动，实质上它根本不能被"准时"所涵盖，卡罗尔犯了抽象于"准时"的错，也犯了涵盖"准时"于"不动钟"的错，故而"准时"一说就被卡罗尔搞成了悖论。孔子也是如此，自然天地的阴阳（A物），并不等同于人的阴阳，一个是天文地理与四季的阴阳，另一个是生理男女的阴阳。而去把两个理论的"阴阳"抽象出来成为C性，拿来证明对社会政治（B物）搞阴阳也有意义，这显然是中了客观唯心主义的毒。

所以，有人反问卡罗尔：你如何断定这两钟分别到达准点的时刻呢？卡罗尔回答的很典型：这简单，你手中持枪死盯住好的钟吧，在真正时刻正好到达坏钟的指针点上时，立即开枪做出报时！我认为卡罗尔的回答与孔子以"阴阳理论"决断政治一样，就是两个典型的客观唯心主义举动。

《中庸·第十章·1》子路问强。

《中庸·第十章·2》子曰:"南方之强与,北方之强与,抑而强与?"

《中庸·第十章·3》 "宽柔以教,不报无道,南方之强也。君子居之。"

《中庸·第十章·4》 "衽金革,死而不厌,北方之强也。而强者居之。"

《中庸·第十章·5》"故君子和而不流;强哉矫。中立而不倚;强哉矫。国有道,不变塞焉;强哉矫。国无道,至死不变;强哉矫。"

(译文:子路问什么是"强盛"。<10—1>孔子反问"南方诸国是强盛吗?北方诸国是强盛吗?什么是真正的强盛!" <10—2> "潜心教育,提倡道德,这是南方所具有的强盛,君子向往它。" <10—3> "身怀兵器盔甲而睡,这类至死不放的追求,是北方的强盛,只有强悍的人才会向往它。"<10—4> "所以做君子要能'和'而不随波逐流,才是伟大的强盛!中立而不偏倚,才是伟大的强盛。国家有道时,道不会变得塞闭,这才是强盛;在国家无道时,君子死也不想改变道,这才是强盛!" <10—5>)

● 这是孔子借学生子路的发问,发表他特殊的"强",在于"国道"之中的议论。孔子用南方与北方做比喻,说南方居君子,强调教化,以有道为"强"。北方以拥有财富与兵坚为强,没有君子,只有强者居之。所以孔子认为,君子不应合流,只用被节制过的"率性"——"和",两地择一而处,依靠没脾气的"中",来不偏倚地处世。孔子认为国家若有道,就会改变拥有财富兵坚的理想,孔子认为没道的国家,它是不会改变追求富裕与兵坚的。当时,鲁国的北方之国,是坚兵富强的齐国。齐国的南方,显然是贫弱的鲁国。所以孔子用"北方""南方",来代指齐国,与自己所处的鲁国。

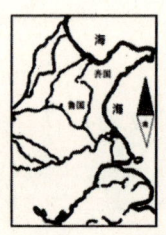

评曰：

孔子主张，以"和而不流"、"中立不倚"、"不变塞"、"至死不变"，来分列"强"的指标。这个主张，并不包括富财的强大，而只是强调对"中庸之道"的完全拥有。所以这"强"，是孔子推行死守中庸为道的君子标准，它推翻了以财富和勇武为强的社会普遍价值观。有人以为孔子真是建立了新的伦理标准，其实这财富与"道"之间的两种"强"，根本不可以混谈。一个是社会物质上的具体拥有，一个是个人意志拥有的价值倾向，两个"强"不能说是对是错。因为，身心勇武与否，物质拥有的富强与否，与伦理无关，而意志倾向则是关系伦理的。意志倾向如何，都不能影响到富强与否的物质原有价值的生存意义。所以，我认为孔子此处，有在议论中偷换概念之嫌。

偷换概念的可能，似源于孔子耽于鲁国的积弱之痛，嘴上并不愿意承认鲁国就是个弱国。孔子认为鲁国也算是另类的强国，是"中庸意志上的强国"。孔子偷换了价值观，就这样把齐国这真正的兵强富庶国度，轻松地贬为了弱国。说他这是一种嘴佞并不为过，事实这种所谓的"强"，根本是无用的。明明鲁国簇拥着一些无能的阴柔儒生，是一个弱贫经不起些许儿打击的小国，偏说它是强者，这不是自欺吗！事实证明，以此为"强"的鲁国，在孔子讲了这话的不久之后，就被齐国亡国了。

《中庸》全文，只有两条明显的双人对答文段，这里是子路与孔子的问与答。其谈话中心，是借学生所议的强盛之道，转而推介学生要具有"中庸之道"的远大理想。孔子主张不要做身强物坚的倚才之人，那些"衽金革，死而不厌"的北方人，并不是做君子的同类。此处，是孔子建议子路，只要单认拥有"中庸"为最强，而视拥有财富军队的则是"弱国"、拥有勇武身心护国保家的人为"弱者"。

实际地看问题，国与国的比较，只能是以财富和军事为真正的强盛的标志。有财富，才能养兵，军事也强；有了财富，才能储才，才能养民，文化也强。文武全盛，则没有什么另是国道之强了。孔子说的道，只算得是文化中的内容，做得好也不过是达到一半的强。为什么孔子会出现这个毛病？因为他并不知道国道的基础，全在财富和国家机器的有无。孔子自己的学生们也知道，没有每年上交老师一扎十条腊肉的财富做学费，这中庸文化的学生也是学不成的。何以老师孔子反却自己忘了这"道"的基本条件啦？难道老师是用了"非道"来教授"道"么？

孔子的观念，讲精神是物质的基础，他不认为物质是精神的条件。用现代哲学分析，孔子的道，是唯心主义的。用龙树的大乘佛教思想分析，孔子所行的道，由于没做客观的"法空"，也没有做到主观的"人空"。主观与客观认识论的相统一上，显现着矛盾的功利世俗之心，所以它并不具有大乘或小乘佛法其中任一的优异性，而只是一个唯心主义的外道学说。"中庸意志上的强国"，与那些裸体主义者所谓的的纯洁观，哲学上没什么区别。

孔子借用国家的弱强，来劝说子路学中庸，是个错误的教学手段。他触犯了举证论据（富国坚兵不为强）的错误，以及与自身行为（有肉乃教）的双重错误。所以他的教学效果，我认为是不能服人的。事实证明：齐国最后以富强的实力，并吞了南方的鲁国，而鲁国在被齐国灭亡之前，在孔子的引导下，整整闹了几十年他所谓的"宽柔以教不报无道"的鲁国君子运动，结果国力耗散气息消尽，国家政权解散，去任由北方齐国"包养"了。说明孔子此处对子路所宣扬的"强论"，事实不过是个伪证明而已。

财富是国家的血液，金革军队，则是国家的机器，没有这些便不是独立正规的国家了，还能讲什么为民之道的"国有道"呢？我认为，孔子此处"国有道"的议论里，再次暴露出他以自己发明的"伪娘理论之道"，偷换掉了传统国政的"道"——为民之道。

应用思考（之七）

莫比乌斯拓扑环悖论和卡罗尔坏钟悖论在孔子思想中的出现，说明了什么？这说明孔子思维模式中有一种"不讲理"的极端性诡辩存在。他可以这么的不顾公共价值的概念逻辑，去对国家的富强，用诡辩来编出自己一套价值观，从而把公共价值意义上的"国强"好坏的判断，都给不讲理的颠覆了。孔子的怪僻理论，若对你讲上一遍，即可以让你这男的，似乎亦是个女的、弱国好似亦国强……如此的伪逻辑，很具有处处轮回的特点，他是在给你制造了一个拓扑学怪圈让你爬。"国强悖论"与"男女悖论"一样，都是犯了我称之的"孔丘悖因"思维疾病，要如何破解他人不讲理的悖论圈套呢？除了可以用前述的逻辑学三段论来验证外，也可以用统计学原则来查验，这里我们还可以用拓扑学来发现它的诡诈。

国家之道的内容，无非是富民强国与保卫安全，而这些是以有效执行持续的逻辑性来完成的。持续的逻辑性是不许可出现悖论状态的，所以孔子用悖论的伪逻辑来给国家设计的"国之道"，是没有一点持续执行的功能，与富民强国和保卫国民目的，走了相反方向。只在形式理论上讲好坏是很抽象的，若去纵观孔子的人生轨迹，就能形象看到"孔丘悖因"所致的果报了。由于孔子在生活与为官中，思维上"孔丘悖因"处处存在，导致了扭曲的行为方式让时人深感奇怪。比如，孔子与少正卯在鲁国的办学竞争中，输掉了大量学生。他不去返思自身的能力不足，反而怀恨少正卯长达十年之久。十年后又以鲁国高官身份去捉拿了少正卯，上刑时用硬刺木棍生生地把少正卯打死以解私愤[③]。孔子思维和行为上，显示了"涂鸦悖论"的模式。这个形式，源自孔子心底真实具有热切的"天地君臣阴阳"信仰。这个"天地君臣阴阳"的模式，显示的同样也是"涂鸦悖论"。某一格式观念做为信仰的力量，具有思维格式遍处辐射的复制操作功能。对于个人来说，也关系到他对自我的一种"认真"，当然他为了这个真诚的"自我认真"，也将视屡犯错误而不顾。执政和执法者最要小心自我"涂鸦悖论"产生，因为它是主观武断和霸道不讲理的体现。而执政执法心理的职业要求，必须在实施社会权力时行为上讲究客观有理。不然，主观的"加权"也会产生孔子这般杀人和屠城的恶业。在中国自古是不缺少官吏的，少的是官吏对自我行为的约束。

孔子虽能在一生的社会活动中，意识到自我约束对于官吏养成的重要性。但是他做为教师自身所含藏的"孔丘悖因"，让他把"官吏养成"的培训教学，从内容上把人给教反了。他以身作则向学生所教授的，是类似

"涂鸦悖论"、"坏钟悖论"这样的荒诞思维模式。本意于约束的初衷，反而做成了无理的放纵。

---

①详见《金刚般若波罗蜜多经》
②详见《老子．道德经》
③详见拙文《从古籀文论孔子"诛"是批判还是刑杀》

7. "双重梦"悖论式

《中庸·第十一章·1》子曰:"素隐,行怪,后世有述焉:吾弗为之矣。"

《中庸·第十一章·2》"君子遵道而行,半涂而废:吾弗能已矣。"

《中庸·第十一章·3》"君子依乎中庸。遁世不见知而不悔:唯圣者能之。"

(译文:孔子曾说"坚持于隐居,是行为的怪异。后人必会这样来评价他的,我可不愿去做这样的人。"<11—1>"君子只遵循中庸之道以做人的行为准则,半途放弃它,我可不能如此中止于道。"<11—2>"君子生活要依据于中庸行动,逃离了世间去让人看不见,知道这个结局而又不后悔的,那只有圣人才能做到。"<11—3>)

● 孔子认为,做隐士便是怪异行为,这些隐士光是为了图名,专做给后人看的,所以他不做这样的人。孔子认为要做成与隐士不同的君子,他是绝不会半道放弃的。只有真正的圣者,才能依照中庸做到遁世,就是永远不能被人知道也不会后悔。

评曰:

古代的隐士,是一些劳动自活的有文化者;讲究要有独立的思考能力,他们主张"素隐":独立的生活理念,自谋生路,不与官宦打交道。孔子说这些隐士的理念,是他所不解的"怪"异行为。孔子推测,是这些人因为不能长期"遵道而行",是守道半途而废之作为。以上孔子所论,无非是为阻止学生因了贫弱，而有去做遁世隐士的想法。子路是个好强的儒门学生，《论语》里，孔子曾试探过子路的心迹，骗他说，老师很想漂到海上，去做自由自在的渔人。子路听后立即表达了支持，示意学生他也有这个强烈的想法。于是后面，立即被孔子狠狠臭骂了一顿。

从中看到，中国自从有了《中庸》一书，便有了传统水墨绘画上"四君子"的主题画意。这个画中的四君子，有趣处，它不再是什么"事父、事君、事兄与施友"了，而是变成了梅、兰、竹、菊四种花卉！这原是古人对儒家文化一种巧妙的思想性颠覆。文人们把隐士思想中的冷眼与绝唱，用寒梅来比喻；又拿兰花的质朴自洁，来比拟隐士们的山野逃俗；更以竹子的宁折不屈，来表达隐士们的不愿向官僚曲膝的本色；而独立收获人生晚秋的志趣，便用了菊花的繁华金黄来表达。这个"四君子画题"，在中国二千年中，明目张胆地反儒家"四君子"。此梅兰竹菊，的确不能表达对父君兄友的那种儒者之姿。儒者于父君兄友，中国的传统花语里，只有蔷薇花、牡丹花可以胜任，蔷薇的依附他木、牡丹的富贵雍容，与中庸之道的生活导向似更近乎。而传统文人"四君子"的花语是反对求官的，它们的共性只有一个——幽隐！后世文人们的如此幽他一默，孔子若活转来，我估计他看了会气得吐血。

总之，文人隐士的哲学生活的态度，一直是中国传统文化的最主流。文学绘画书法艺术等古代文化遗产内容，不论王维还是陶渊明，他们的艺术趣向，都可以证明我这个观点。

"素隐"的素字，今天可译为"坚守"的意思。从龙树发展出来的大乘佛教被翻译成汉语，也有"素"的话题。持素，就是坚持信念于佛教的生活态度。所以佛门一直拿佛教的典型饮食方式，来代表自己的生活态度，叫做"吃素"。吃素，就是持素的意思。所以持素，只是借用了古汉语"素"字做的译文，并非当今人们所认为凡是"素"就是"蔬菜"。佛教与《中庸》的直接关系，无非是汉字"中"与"素"的借用而已。但要细究它们的内涵，却完全不是一个意思了。

现有人把"素隐"译成了"探索隐僻"，当成"索隐"的通借词。其实不可，"素"这个字，也并非古人的抄写成误。因《中庸》后面出现好几个"素*"的格式，反复证明了"素"所具的"坚守"而非"探究"

义,所以把它视为"索"乃是个误判。

《中庸·第十二章·1》君子之道,费而隐。

《中庸·第十二章·2》夫妇之愚,可以与之焉,及其至也,虽圣人亦有所不知焉。夫妇之不肖,可以能行焉,及其至也,虽圣人亦有所不能焉。

《中庸·第十二章·3》天地之大也,人犹有所憾。故君子语大,天下莫能哉焉,语小,天下莫能破焉。

(译文:行君子的道,费解而不很显目。<12—1>山野愚蠢夫妇也可以让他们掌握它,但达到最高阶段的,就连圣人也不能全知晓。无能山野夫妇也可以实践它,但要实践到最高阶段,就是圣人也不能完全做得到。<12—2>宇宙的天地已这么大,人还是会有追求下的遗憾。所以君子讲到大处,天下言尽都不能尽其顶峰;讲到小处,穷尽天下也不能再分解下去。<12—3>)

● 孔子说什么人都可去掌握君子之道,包括"愚夫妇和不肖者",所以每个学生都应学习它。但是,要做到君子之道的巅峰却很难,连圣人都不一定做到了顶峰,学生不应对此有自满自足的骄傲。

评曰:

这段是孔子为想"素隐"的学生所讲,其意图是想让学生知道,素隐者虽然也行得道,但是落入了自满自足,与山野愚夫妇和不肖之徒一样。这里,孔子把隐士的"隐",与中庸的"隐",做了区分。孔子说,隐士目的在于名声,中庸的目的则在入于天地。读者这里要注意,孔子又在混淆概念范畴,从他的言辞可知,隐士的隐是归为"因"的,而中庸的隐,则是纳为了"果"。隐士是为某目的,是做行为之因上的隐。中庸的隐,只是观念感受至"费、隐"中的一个结果而已。所以孔子的中庸之隐实是假名,是主观自称的隐。其实只是推翻"隐"而自立的"新隐",为什么?孔子用虚夸的"天地"大小,来形容中庸之隐的又不隐,已然放弃了对隐的就事论事主题。"不隐是隐"在逻辑上,违背了原字"隐"的自定义。如此偷换了议题,让它人不知鬼不觉地转论成为另一个有关"大、小"的议题,如此戏弄学人好不知耻。我们用'众多细节将决定全体性质'的逻辑观念看,显然隐士的隐可实证。而孔子中庸之隐,那所谓"天地大小"大词泛泛的论证,并不是"隐"应该议论的内容,所以也不能证明中庸的隐就是正确的隐。

孔子何以要花这么大心思,自立一套呢?完全是因为他对文人隐士在因地上有偏见所造成的。有了歧视对立面的不正之因,继而才会出现连续的自持之果。从《论语》中可知,孔子对于隐士也是分成两类的:对于贵族隐士,比如伯夷、泰伯①等人,孔子则是赞成的。《论语》中,孔子把官员在乱世中的隐退,视为优良品质。但对于直接劳动的平民隐士们,比如长沮、荷蓧丈人②这些个民间文化人,则是极为反感的。

同为隐士,参与劳动不愿为官的,被孔子歧视,而从官途退下来才做隐士的,则被孔子褒扬。他这无非是基于"读书必须服务做官"的价值观,来做评判的。所以,孔子反对隐士,实不是在反对文人不做官,而是反对文人走向经营实际的产业劳动。

这个"语大…莫能哉焉;语小…莫能破焉",似乎就是个"双重梦悖论"。双重梦是这样的:A睡着了在做梦,梦见了B在做梦,B梦见了A在睡觉做梦…于是有人对A说:你这人只是B睡梦中的假象,你实际是不存在的,一但B从梦中惊醒过来的话,你就如同被B关掉的电灯一样,从此熄灭了。于是,A就不得而知自己是真还是幻了。当然,这里孔子把A代入成为"语大"、B代入成"语小"来讲述。这既大又小的"天地"概念,成了相互之间团团转的"不能哉(载)的大",和"不能破的小"了。这不是孔子君子之道的双重梦么?这是一个非理智的悖论,这种悖论构成了一个事件的A非等值A的自矛盾中不可自拔。

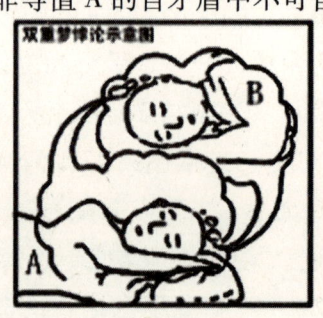

孔子一生追求的不得志，却要反而更为永远的奋斗下去！这种人生的自相矛盾，不正也是个"双重梦"的执著吗？他一定是永远生活在幻相的恐怖阴影里，拔不出自我了。如果执著于这类逻辑学悖论的追求中，必然将会产生左右自非的自我矛盾行为。如果用这类悖论提供给计算机进行人脑运动的模拟，无疑将是给计算机输以悖论性的编码，用它来自检逻辑运算的计算机，给予一个"服从我的指令，拒绝我给你编的指令，我编的一切指令都是错误的"这样的执行命令。结果这台计算机立马就进入反复矛盾的严重状态而不可自拔，最后以崩溃而告终。机器崩溃还能重启，人一但崩溃了，就可能会重病或出祸殃，人生能"重启"几次呢？孔子的学生，颜回、子路就是在指令下"崩溃"的典型啊！③而糊涂中下错指令的，正是孔子的教育内容。

应用思考（之八）

隐士文化是极具中国文化特色的古老话题，隐士是指从来就不愿做官的文化人。他们以渔农工商为生，体现了与孔儒主张相反的生活价值观。孔子借以"隐"这个字所含有的多重义，将"隐退""隐进"，做了是非的选择。其实从客观来讲，主动与被动并不构成"隐"的是与非，隐字的内涵自然带有两可的方向。孔子将两可的价值取向，主观强调成只可"隐退"不可"隐进"。从而拿服务于官僚做为了文化人绝对的意义，把文化服务工农主观删除在意义之外了。

原来，每一个人的思想倾向背后，都有一个被执著的东西在里面支持着，这就是佛教唯识学说中讲的"阿赖耶识"，但是偏执者把它落入了"末那识"那很不清晰的"心识"之中，执著于某种心识的偏执。孔子此处偏执于"隐"的可与不可，即是极典型的在末那识迷糊中。他只是端着心识的主观在强调着，而非用阿赖耶识在统辖末那识的两边。"双重梦悖论"，就是属于心识矛盾所演化出的悖论。只不过，它是又一次被加入错误的末那识判断，造成了自我的失落而已。

①伯夷，是商朝贵族遗老，商朝快倒台时，他与叔齐等人以隐匿的方式，做了首阳山的隐士。周朝与商朝开战时，他们下山又阻挠周军队的战车前行。商朝亡国后，他们以不食周粟明志，挖野菜为生。但当人们告诉：这山山水水都已归为周朝的天下，山中野菜现在也是周朝的野菜了。于是，伯夷与叔齐这些遗老，便发誓连野菜也不吃了，终于饿死在了首阳山里。泰伯，周文王的伯父。因为其父表示要将王位让给周文王的父亲，所以便自动让位，拉着另外的兄弟隐居于梅里。

②长沮，是与桀溺一起自耕而活的隐士。子路代替孔子向他们问渡口。长沮笑说："孔子不是天生就应知渡口在哪里吗！"并劝子路与其跟着回避人的孔子四处跑，还不如跟着回避世俗的隐士务实的生活去。

荷蓧丈人，是子路落伍时，去问路的一位农家老隐士。子路问他："曾看见我的老师么？"丈人反问："四体不勤、五谷不分，他算个什么老师？"于是不理睬子路，继续扶着拐杖为田除草。丈人看子路一直站在一边，于是亲自杀鸡煮饭请他过夜，劝子路学他那样务实的去生活。

③颜回，是孔子早期收的最得意门生，是孔门乐于苦读的典范，30岁不到即病死。子路，孔子身边粗鲁的学生兼卫士。后来转去卫国做了一名家臣，并在一场家族斗殴中，为了礼仪，拾礼帽时被对方剁成了肉酱。

8. 伪娘理论

有一位儒士,跑到和尚处,向他表示:"我听人说'我是可以消失的',你会消失吗?"和尚对他说:"'我'可以消失,但我并不会因'我'的消失,我就消失。"

《中庸·第十二章·3》诗云,"**鸢飞戾天;鱼跃于渊。**"言其上下察也。

《中庸·第十二章·4》**君子之道,造端乎夫妇;及其至也,察乎天地。**

(译文:诗上说"老鹰只飞向天空,鱼儿只跃入深渊",所说的就是上下间的必然联系。<12—3>君子的道,发源来自于夫妇的关系,它终极的体现,也可以关连到天地。<12—4>)

● 他们认为,君子之道,即从夫妇与圣人上,就可以审察到道在天地间的相状。就像鸟总是向天空飞翔、鱼总是跃入于渊一样的必然。

评曰:

"君子之道造端于夫妇",此乃孔子政治态度上,最赤裸裸的"伪娘理论"表达。孔子还不忘指出他这近乎异端的理论,是直接来自上古传统"天地理论"的继承和发展。孔子认为有了"天地化"的政治老传统,他才造出了"夫妇化"的新君子之道。孔子此句似乎很为他的发明，而得意洋洋。现在有人为了掩盖这句话直观的怪僻句义，转用美丽大词来对它加以修饰翻译，说这"造端于夫妇"之句，是指的"发端于普通百姓的浅薄知识"。结果虽美化了孔子，也同时废残了孔子"中道"的原有阴阳哲学模型的政治用意。

  为什么孔子支持贵族隐士，而又反对文人隐士呢？完全因为中庸存在固有的偏见。孔子发现贵族隐士们都有个共性——伪娘化的特征。依孔子自己的话说，那些隐君子们，全是站在"造端乎夫妇"的中道上，都是行为于正轨的。而长沮、荷蓧丈人他们这些个民间文人隐士，则不认可君子行为。因为他们文人隐士性格中，完全没有显现"造端乎夫妇"的伪娘化，却是坦露阳光而又自适的刚烈——纯的是天然男人。男人不去做"地"，心中根本没有留给"天"做"男人"的空间。所以天然的男人，就算做了隐士，也是被中庸所反感的。这观点，"造端乎夫妇"一句，点示得十分清晰。

  孔子认为，当官是文人正确的唯一之路，做隐士去经营实业而自活，如同鸟儿不向天空飞、鱼儿不向水下跃一样，就不是在走天地间的常规之路了。我们知道，死鸟是飞不上天的，死鱼也只能浮在水面上。孔子用鸟鱼做比喻，是因为孔子想用它们的生死表现，来证明君子的活力，唯一只可体现在"造端乎夫妇"的这个道上。下图，是孔子伪阴阳理论中，私篡天地阴阳为"夫妇"和"君臣"阴阳后的示意图：

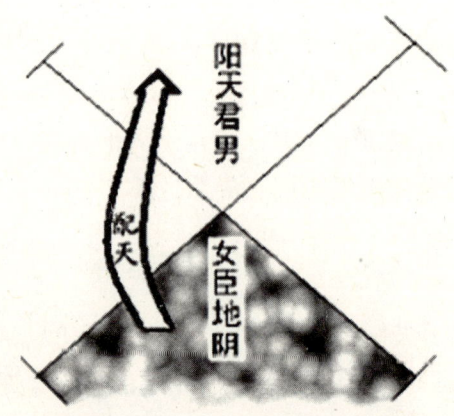

其实，我们很容易就能知道这个夫妇阴阳的政治理论，是荒诞的理论。生命的确有阴阳，传统理论中，所讲的阴阳只是一体互含的二进制数理，它不可以孤阴独阳的生于自然中。可孔子荒唐认为"孤阴独阳"也是可以的，只是要以互依对方而存。于是走向了逻辑的矛盾中：

孤阴不生，独阳不长．
生命无有孤阴体、也无独阳体，夫妇各有一组阴阳．
────────
∴ 并无孤阴体，去"配"独阳体的"夫妇"事实。

除了以上人为破坏尧舜以来的传统哲学外，孔子更误认为阴阳历法可用天地人这"三才"来搭建数理，那么他的宫廷规范，也可以对天地人"三才结构"加以改动，以获得行动的君子指南。殊不知他犯了范畴结果的逻辑毛病：阴阳历法，不论用什么材料做的建构，都不出日月规律的叠量模拟描述，目的是为了客观的细致观察。而孔子的理论材料建构，其目的并不是求得客观观察，却是想收获到主观矢量模型，目的以之说服他人去执行另外目的。由于月亮盈亏和太阳变化是客观的必然，孔子的宫廷主观规范则不一定是必然的，只是某个价值倾向的主观努力。已知：太阳月亮并无什么"努力"可言。

"一体"古代称之为"干"，干字在古代通假"杆"字，它是指体积方位的所在。"互含"就是"支"，古代这字是"枝"的通假字，指这"干"上概念分叉的两端。可是孔子把干扔掉不顾了，单要那无干的支，一棵树它没有了杆只剩了一些叉枝，它是不能开花结果的。孔子就是这样，忘却了"天干"的十进制存在，只拿虚无的小分叉来称做"实在"，这不是守死理吗？

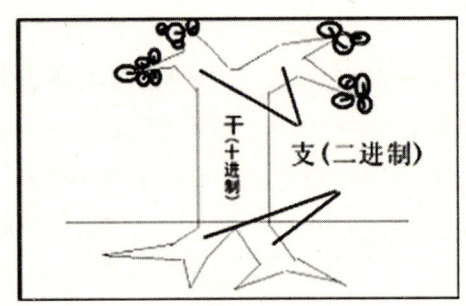

我们在数学常识上知道：十进制数是与认可的日常事物做真实对应的数学工具，二进制数学若无十进制的最初与最终价值体现，它就是一个无意义的主观想象。二进制数学只是对观察事物的两端析分，而孔子误拿它放到内在认可的宏观上去了，其理论没有走入精准的理想要求，反倒步入越加粗糙上了。事实说明，对君称阳，对臣称阴的简陋方法，于政治人物日理万事上是粗糙无理的，它也违反了［A＋B＝C，B∧A＝（a＋b）］这样一个现代数学基本原理，更不符合传统阴阳理论的"天干、地支"原理。照之实施，违反了现代科学，也违背尧舜的天地阴阳理论，所以孔子的君臣夫妇哲学观是严重的错误。

我们设 A 为阳，B 为阴时，如图所示：

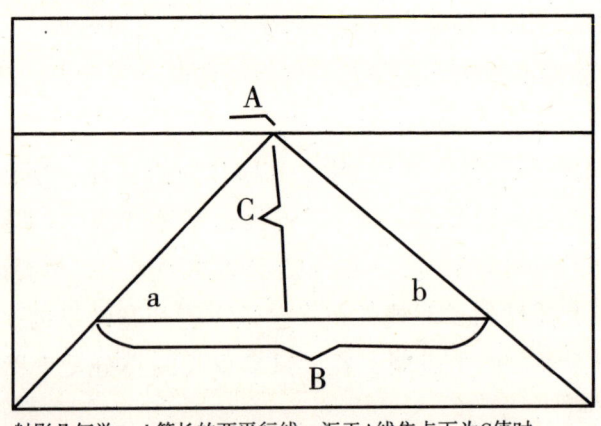

射影几何学a、b等长的两平行线，汇于A线焦点下为C值时，A＋B＝C,B＝A

A＝B

我们在结论中，见到 A、B 出现完全等值的结果，可见并非 A 阳、B

阴各为存在。而是 A 中有一对阴阳，B 中也同样有一对阴阳，它们是类于（a、b）的和。此说明 a、b 的关系，只是在"分"的关系下，才具阴或阳的值，若要和而一体论事：a＋b＝B，A＋B＝C，其孤阴不生，独阳不长，各值都自有一对阴阳。所以，求 B 值完全行阴的君子中庸思想，是在否定 B 与 A 的平等性。现代理性告诉我们：职务高低不同人格也当是平等的，我们个人人格不应去追求阴势或阳势。其实，传统的阴阳干支理论中，A＋B 是干，（a＋b）是支，干支合配，才是数在因上具有和的真正源头！而孔子只是落在了（a＋b）的单一阴阳符号里转抽象。

《中庸·第十三章·1》子曰："道不远人。人之为道而远人，不可以为道。"

（译文：孔子说"道并不会自己远离人，是人们为了道，反而远离了人。所以才做不成道了。"＜13—1＞）

● 孔子说：官职性格的道并不远离人间，人们为了这个道，而远离了人间，那就不算是道。这是解说他所讲的道，并不是隐藏起身体，而是为了宫廷职业，去完成中节的个性。一如古代舜帝及当世的颜回这样，都重视道的运用，并运用在人的身上。孔子反感不求官职的文人隐士，认为天地虽然许可文人们过这种生活，但那也都是些愚与不肖的、只图虚名的人。孔子强调了中庸"官隐"与"民隐"隐士的不同，以此杜绝文人们的隐士思潮。

评曰：

孔子以意识上的谋不谋官，一个人是不是以"伪娘理论"去当官，来做为君子的是非标准。不想谋官的人，比如这里说的文人自由派隐士们，就是孔子认为的典型"小人"，因为他们有文化，却只做农耕以刚烈自活，与草介野民没有什么区别，孔子认为他们只是为死后图虚名的人。

在《论语》里，孔子煽动了鲁国的隐士林放，经他孔子的思想所惑，在泰山下帮着鼓吹中庸之道。这是一个孔子改变"小人"，让其去做君子的实例。由于他的"道"是跑到现实里去，直接的策反隐士。所以也被各地的隐士文人们，所广泛批驳。《论语》记载的，当时的长沮、桀溺、荷莜丈人、看门人①、荷蒉人②以及楚国接舆③，都站出来指摘过孔子的思想错误。有趣的是，孔子从没有面对隐士们的指责，直接说出自己的百般谋职理由，而是用些不着边际的佞话来绕过这些指责，或者干脆就不做理睬！可见孔子并不准备真的就以自己发明的中庸，来实践对隐士们的"中节"。

在佛教中，也有个类似与"隐"字相关的话题，这就是原始小乘佛教与龙树为代表的大乘佛教间，所产生的"涅槃"议题。于是才有了今之儒门，误以中庸与佛教中道存在相同的妄议。其实则不然，中庸反对的"隐"，与大乘反对小乘涅槃的隐，并不是一个内涵。隐者，从某个程度来讲，他们其实是做了一个单纯而善质疑的学者，做了一个有文化的劳动者。可是孔儒认为这不对，应该放弃劳动和质疑心，去做个君下的弟子。

大乘批判小乘逃离世间的隐，是远遁林泉、独善其身的求取涅槃，是不究竟的缘起观念。龙树主张缘起于主客观统一，要做到主观"人空"的同时，还要做到客观的"法空"，以达到"佛法不离世间而觉悟"的终极目的。但是，儒家的"不隐"，是以人治人的政治手段，强调的是做官的外在技能，它显然是归为"方法论"。而大乘佛教主张的"不隐"，则是严肃哲思下的主客观议论，是在大乘与小乘非关政治的共同前题下，属于"世界观"的议题。所以，儒家立论的"官——民之隐"，根本不是佛教讲的"世——出世之隐"。现今学人的误解，全是出在不知议论所适用范畴的毛病上。中庸反隐，与中道反隐所适用的范畴不同，"世界观"与"方法论"不能简单混淆。

儒门批判的"隐"，类似佛门大小乘所共许的"出世间"，入了正规就是"出家修行"。这个"隐"，原就是佛门大小乘都不反对的，但是儒门却强烈反对。所以儒门的"隐"字，并不是佛教讲到的"隐"字。龙树在大乘佛教中，所批判的"隐"，是什么呢？它讲的是手不做事的枯坐之"隐"，批判的是类似孔子所百般赞赏的伯夷七君子，这样的贵族逃遁之"隐"！龙树主张大乘行者修行深入民间的生活，普度众生。即如亲身劳作的民间隐士那样，达到"法空"的修行缘起，来与社会做平等交流。所以，实则后世儒门在以反隐，反对了大乘佛教缘起论的"不隐"。

有个地方我应当指出:"世"这个汉字,中国原来并非是一辈子的意思,是"30年为一世",所以"三世"合加了才是一辈子。而佛教的译入者,借这个汉字用在"一期的生死"上,于是出现了神化"三世因果"的矛盾。其实三世因果并无神秘处,只是把理论上人生90年的生死期,划分成了三个等份,用以说明一个人前后业绩显在因果上的问题。可是译者没有区分开婆罗门的哲学术语与佛教的不同,错引用了汉语的"世"字,造成现今误以一世只为"一期之生"了。于是,正确汉语"世"的解释,被中国人长期误会。而婆罗门有神论的思想,却借着佛经喻言故事和对"世"字引用解释的误会,将佛教的正理也给搞混乱了。这里,我指出其误会首先是来自译者的无心误导。所以,历史文化上由于逻辑的不同构造,一字多义并不鲜见,造成误解也会很严重。关于佛儒间"隐"的多义性这类问题,其哲学意义我们也当万分小心。

应用思考(之九):

如果说有文化并无害于渔农工商,而渔农工商也是合法的生存职业,那么隐士就是可以存在的,隐士并非是孔子所认为的"行怪"。以"隐士"、"隐状"并举的方式,孔子强调了两者之隐的不同。一为"隐而不为",另一为"表现不明显",孔子认为表现不明显的这个"隐"是可用的,隐而不为则不可行。说白了是主动的隐与被动的隐,孔子只认后者,孔子是在犯主观价值上的错。隐士的隐,与隐状的隐,是内逻辑性质的话题。孔子不过是以"当官"与否,做了是非的外逻辑判断。主观地把当官与为民,做了一是一非的对立。纵观孔子哲学中强调的官民对立,和孔子鲁国为官时杀学者毁城镇之恶举,由此可以得出一个结论:对内逻辑性质的隐否,进行外逻辑式的是非议论,会造成内部对立的强化矛盾乃至分裂,把自己人也当成了敌人来处置。

这里,我们视这个内外逻辑处置上的混乱,也可用莫比乌斯拓扑环悖论来看待。其实类似莫比乌斯拓扑所产生的,正是内外不分、男女错位的一系列矛盾。它们是处于悖论状态的,所以也是非理性的。我们在工作与生活中，要常常反省自己有无非理性的思维。反省的方式，可以运用观察有无出现莫比乌斯拓扑环悖论，来达到反省思维的目的。这样可以实现类似《周易》模态化的观察，《周易》实质就是从事态上去查验悖论的表达式。在好事上出现悖论是人所不喜的，坏事上出现悖论又是荒诞的。所以对于悖论的预见，是对一切事物发展的把握，是验查真伪的优良思维工具。

---

①子路睡在石门下，看门人问他从何而来。答曰："从孔子那来。"看门人对他道："不就是个明知做不到，却还要去做的那个人嘛！"源出《论语·宪问》。

②荷蒉者，是一名经过孔门的背篓人，听到孔子在里面击乐磬。于是一会说孔子真用心，过一会又说孔子："真庸俗！这乐音他都不能理解，只是自己奏给自己听。这种人的瞎混，就好比水深时穿着衣服游过去，水浅他就撩起衣服趟过去。"源出《论语·宪问》。

③接舆，是一位喜欢半道拦截贵族马车的楚国狂人。他在孔子到楚国跑官时，在路边对着孔子的车队唱："凤啊！凤啊！你怎么这样倒霉？过去的不可挽回，未来的还可以赶上……"意在劝孔子改正。后又马上叹道："算了，算了！现在从政者都很危险！"孔子下车想与他交谈，他却逃走了。源出《论语·微子》。

9. 以柯伐柯

《中庸·第十三章·2》"诗云,'伐柯伐柯,其则不远。'执柯以伐柯,睨而视之。犹以为远。故君子以人治人,改而止。"

(译文:诗上说"伐柯啊伐柯,就快达到目标了。"手执柯木柄的斧子去斫伐柯木,若侧目看它,总还以为成之尚早。所以君子主张的"以人治人",目的只是改正即止。<13—2>)

● 他们用诗词中的一段话,来说明执之以恒的行道,就如同伐木一样,要一斧一斧地去接近最终目标。斧柄是木,所伐也是木,持旧木以伐新木,但切不可用力过头的斫着手。孔子所讲的君子之道,目的便是让新人去向已改的旧人看齐,这叫"改",旧人是已改在了前面的君子们。所以孔子说:"君子以人治人。"

评曰:

这是在阐述完了中庸的"伪娘理论",再讲他的"伪娘培训"的实践。一位成功的"伪娘"君子,拿了这理论又转去治理他人,以改造他人也为"新伪娘"。这是孔子暗示他自己正在做这样的工作,以柯伐柯式的教育工作。

儒家讲的"治人",就是主动用手段去同化他人,而不是法纪的引导处置。所以儒家不强调拿法纪,去做人与人的共处标准,他们只讲同化他人式的"治人"。嚷着以柯伐柯式的"同化"治人,它其实是一种拉帮派的方式。所以孔子的君子群体,类于家族帮派政治。这种同化的教育,无非是设立一些伦理模式,来代做人人平等的法律理智。用亲情人群来充做刀斧的助手,从而产生以家庭政治化为前题的,司法空间被伦理化取代的统治。这样,一切社会政治,都经由各个家庭内部的前期约束和无休止的争吵,而在"天"的不言之"中"变得似乎一统起来。孔子认为"天"就默然看着"地"上这种互斗,这是天经地义的。因为孔子的中庸里,你的家庭只是"地",理应是要为"天"的价值而斗争,得致"和"产生出万物的"子民"。故而"天"永远是"中","地"要的只是去配以"和"。为了有同化的"和","地"上以柯伐柯搞阶级斗争,先必闹到每户人家的家庭里去。

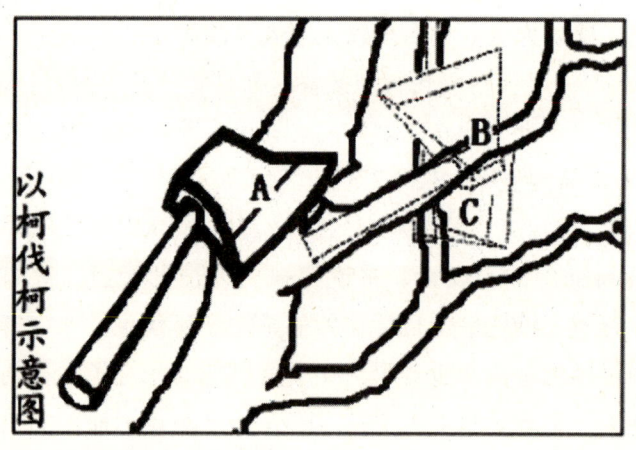

所以孔儒主张求"和"之心,实是强调所见皆是"无和"的意思。比如某人入了你的家中,来指责你家无和,这个心是不是和?这就是不和。所以眼外见"无和",即是自身的已不和。自身不和反要求对方来"和",这就是"析取"心。不但做不成和,反而实质成了"析"的行为。所以只有不睬指责的不和,才是和呀!孔子并没有这样做到。将之数学化的来理论,"和"里许可了"不和"的某种存在,才是"和"成立的必然条件。

《中庸·第十三章·3》 "忠恕违道不远。施诸己而不愿,亦勿施于人。"

(译文：能忠与恕，近道也就不远了。那些施放到自己身上都很不愿意的事，也不应施用到别人身上去。<13—3>)

● 他认为行为的忠恕，离道就很近。忠，是一心地服从他人；恕，是放弃追究他人对自己的过错。忠恕的共性，是将心比心的为人。没人喜欢别人对自己做出的不忠不恕，故而孔子说：放在自己身上不喜欢的，也不准备投放到别人身上。由于这个理由，他的伪娘理论是自己的所爱，所以教给大家也没错。

继上段的"以人治人"，孔子拍胸脯保证：他给君子"伪娘化培训"时，是绝对讲忠恕待人的，自己不愿做的，也绝不会强迫学生去学。此段似乎孔子在以"自矮"的手法，以图吸引学生。

评曰：

基于"忠恕"的词性，只是用在下对上、强对弱的。天地模板里，忠恕是只能于"地"上，忠恕必然只是斗争过程中的放弃手段，所以忠恕并不是给"执柯者"所用，而是要推荐给"被伐者"所用的。如果"执柯者"也用忠恕对待下人，就不会出现"以人治人"的伐柯君子了。所以忠恕是连词，忠是恕的前提范畴，是提供给下人向上人用的弃权导向而已。手执"以人治人"斧头的人，正是忠于君王的孔子。

忠恕，在汉文字中都是归为"心部"。是讲心上的欲望表达，是行为情调而已。所以忠恕是理性执着的反面，是把自己心里的理性思辩，加以拓扑曲扭以去适应他人。有人误以为孔子的忠恕情调，与龙树的"法空"或"自性空"是一个东西。其实，龙树的"空"字，与原汉字的"空"并不是一个东西。中庸的忠恕，是须经由"空空如也"的去掉了思辩理性。而龙树倡导以"充实于全方位空间"的本然自性思辩，以之做为真空。所以孔子虽将自己"空空如也"了的去忠恕于他人，在龙树看来也是个逃避认真思辩的逃遁态度，它逃遁于空间的放弃之中，即便想有求取涅盘之心，也必是很主观情绪化的想象行为。

忠恕二字义除了有着"心部"的内涵，更有对自我，进行"折衷"

的用意。而折衷主义，严重违背龙树提倡的大乘缘生之法。缘生之法解说：一切概念事物的本有特征，于抽象上是本无实体的，叫做"非有"。可它又显出概念的"假名"，虽然概念形式上仍然存在，好似"不空"，但这只是事物本有的外在特征，是物质诸法的实际态而已，此种观照叫中道。这叫中道的"空谛、假谛、中谛"——三谛原理。以上证明，龙树的中道，只是涉及到世界观的思辨理性。做为逻辑大师的他，反对折衷主义的模糊观。而孔子的中庸，是一种讲模糊态度的方法论，是做人折衷主义非理性的油滑打折。他是没有什么东西，可以严谨到可称之为"谛"的。另外，孔子处世态度从《论语》中揭示出，他也是实行"无可无不可"的，还会使出比折衷主义更为严重的投机决策，做人上有私心随意两边倒的可能。

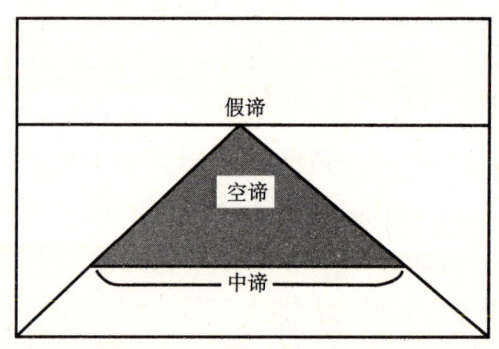

以上是射影几何焦点条件下的三谛图示，可以看到龙树的中假空三个值的比量关系。远处焦点上的假谛，是属于概念符号学内涵；中部的空谛，含义最丰富多面，它是多角度的真理阐释，归为哲学义理范畴，又称真谛；而中谛却离我们最近，最易于理解以之把握空谛与假谛间的关系，中谛是属于线性逻辑学范畴的。三谛的大乘佛学，构成了从学习到修证的全过程，这揭示的是龙树创立的完整教程。所以，我发现"三谛"实是龙树依据古因明五支论，发明出的大乘因明"三段论式"。正是他的诱因，后世才产生出陈那的现代因明"三支论"。基于《中观论》诸"谛"的提出，后代的天台宗祖师们，试图加以阐释。

《中庸全篇—第十三章—4》"君子之道四，丘未能一焉：所求乎，子以事父,未能也;所求乎,臣以事君,未能也;所求乎,弟以事兄,未能也;所求乎,朋友先施之,未能也。庸德之行,庸言之谨;有所不足,不敢不勉;有馀,不感尽。言顾行,行顾言。君子胡不慥慥尔。"

（译文：君子之道要做的,共有四条,我孔丘也不是全做到了。四条中,其一所要求的,是做好儿子服侍父亲,我没能做好;其二所要求的,是做好臣工以服侍君王,我没能做好;其三所要求的,是做好弟弟以协助兄长,我没能做好;其四所要求的,有了好东西先舍让给朋友们,我也没能做好。日常的行为要向往有德,日常谨慎于言论。以上若有不足之处,不敢不加以自勉;有了超越,也不敢自满。言辞要顾及行为,行为要顾及言辞,若君子都去这样做了,怎么会不诚实忠厚啊！＜13—4) ＞）

● 这是孔子十分另类的教学担保：他教的君子之道,是要大家干好这四件事：事父、事君、事兄、施友。是要做个集好儿子、好臣工、好弟弟、好朋友于一身的人。虽然孔子也自我承认四君子之道,他也没能做好,但他相信这四条是对的。虽然孔子自称了"君子之道四,丘未能一焉",但我认为不可以简单地做为孔子自揭己短来看。

评曰：
这是拉来了一大堆理由,以证明如此"伪娘化"的君子中庸,是很正常的为人之道。其实,政治态度与社会伦理秩序,并不是一个学术等级的,它们无直接因果的逻辑关系。孔子拿执行社会秩序的有无伦理,做为君子"伪娘化政治最优秀"的证明,显然是严重偷越了逻辑范畴。"伪娘"式的官员,虽然在秩序上似乎有些优点,却在逻辑分辨的这个执政能力上,是非不清更没有主见,只是个以打折扣出卖真理来混日子的老好人。

中庸"伪娘理论"的投情技巧,其目的在于为臣的职位安稳。所谓的"事父"为子、"事兄"为弟、"先施"为友等,都是为了这个一元化"事君"而做的担保。其实,事君好坏,与事从于别的什么项目,未必有必然因果。除非事实设定了这些个事项,乃是事君的本体组构内容物,不然,我们只能认为孔子是在引证一个无效的因果关系了。我们知道,古今也没有把这些项目，细致地列为法律条文，孔子不是在这里也自认他没有做好吗？所以君子之道，是个孔子拼凑的东西。孔子此处，更意图于用各项来隐藏起"事君"——中庸的唯一目的。为亲情的去事君，一如为了父兄子友小团体的利益而做官，是私心的出仕，不是真正的为民为公。所故，孔子以某人对父兄子友的利益谋求与否，充做了"事君"的能力的尺度，是简单的以大范畴内容，套用了小范畴事务的规则，这种错误不是可以随便忽略不计的。显然，此两事务间用心和行为上的区别，远大于相近似的意义。首先，家庭亲情价值在社会管理上，就不能做为人群的处置取向，不然就会有徇情枉法的不公发生。

应用思考（之十）

儒生们反对佛教教育时，最常用的一句话是对人说："人都做不好，还学什么佛"。这句话，可能是源于有着《中庸》"以柯伐柯"的思想情结。因为孔子这个思路是归因于天命的致成，他主张自己有了天命的愿景，就可以去合法地"伐"他人，去要求别人也这么做，这叫做"以柯伐柯"。所以说"做人"才是他应该的愿景，学佛并不是天命。

这就是"以柯伐柯"式的学霸行为，自己不愿做的就不许他人做，没有一点包容心。虽然也许你还没有产生什么错，但凭了自我的所谓"优质"，就要去"伐"他人的"劣质"，以希冀人家去改掉所错，这本身就是主观上不愿看到自己的缺点，并妄以自己的愿景来做他人改正的依据，是十分主观的意志冲动。这如同有客人正要在屋内吃饭，你以厨师身份冲进去，夺下盘叉并大骂人家："你们火都烧不好，还吃什么饭？——烧火是吃饭的基础。"其实，会不会烧火，饭还是要吃的，一天不食要饿坏。所以用食客不会烧火做理由，并不是厨师去干涉别人吃饭的合理理由，"以柯伐柯"是太过霸道了。其实人与非人，都可学佛，这是大乘佛法的精神。

在我们的生活中，这类对他人"以柯伐柯"式的干涉是十分普遍的，这就是家长制的滥情化管理方式。这种人际关系，已不是什么公平中的情谊，而是抢占着话语权的"先入为主"言论霸权，它会专以欺压弱势者为其乐趣。若我们的社会中，提倡类似龙树曾建立的逻辑化交流平台，以公平公正的客观手段来做言教的约束，就不必怕出现"以柯伐柯"的专制了。"以柯伐柯"显然是一种悖论，它粗暴地混淆了前柯与后柯存在质的区别。虽然也在自称"偶的良心是好的"，但依旧还是个霸道的黑社会"斧头帮"。

---

① 源出《中观论·四谛品》："因缘所生法，我说即是空，亦为是假名，亦是中道义。"

10. "蠕虫与橡皮筋" 悖论式

《中庸·第十四章·1》君子素其位而行，不愿乎其外。

《中庸·第十四章·2》素富贵，行乎富贵；素贫贱，行乎贫贱；素夷狄，行乎夷狄；素患难，行乎患难。君子无入而不自得焉。

（译文：君子专志自己所处的地位而行动，做人不愿超越界线。<14—1>处于富贵的地位，就做好富贵人应做的事；处于贫贱的地位，就做贫贱时应做好的事；处于边远部落的地位，就做好边远部落应做好的事；处于患难的地位，就做好患难时应做好的事。君子拿做好以上八条做为道的收获。<14—2>）

● 孔子认为君子，只可做君子应该做的，不能去做了君子以外的事。

评曰：

春秋之时，正是孕育着新时代来临的时期。此时有不少贵族被动失去了地位，成了"素贫贱"者。有的人，脱离宫廷跑到夷狄，当了少数民族的成员，便成了"素夷狄"的人；更有的人，是"素患难"——成了老是落在苦难里的倒霉者。孔子认为做君子只应该做好自己位置上的事，不要去搞不属于自己范围的事情。

有汉语水平不好的人，一看孔子说"君子素其位而行"，中间有个"素"字，就以为儒门是与佛教一样，都是讲吃素食的了，所以儒士们也把他们的斋戒，当成了佛门的吃素。他们也吃起了素食，叫做"吃斋"。其实《论语》中，有许多关于"斋食"的内容，但并没有讲到要吃素食的。所以，吃斋并不是吃素。社会混淆了儒佛，基本是汉语文化水平不高造成的。此儒家"素其位"中的"素"字是形容词,而佛家的"吃素"的"素"则是名词。

总之,素与不素,并不是肉食还是蔬食的专有分辨术语。素的对象,才是善恶分析的主体。比如有人素杀、素主观乃至素伪娘等,就远比只是素富贵或素贫贱、素夷狄的毛病要来得严重。中国后人常有称孔子为"素王",与其说他是什么素食之王(当然他是要吃鱼肉的),还不如就称他是个"固执之王",这才更合"素"①的汉字本意。

《中庸·第十四章·3》**在上位,不陵下;在下位,不援上;正己而不求于人。则无怨上不怨天,下不尤人。**
《中庸·十四章·4》**故君子居易以俟命,小人行险以徼辛。**

(译文:官处在高位,不欺凌下属;官处下属,不援攀上级;端正自身而不求他人,则没有怨心。处高位不怨于天,处低位不怪他人。<14—3>故而君子以等候天的变动来待命,小人只会以冒险搏取侥幸。<14—4>)

● 此是讲君子能"平安"做官的行为准则。这里讲的"居易以俟命",其中的"易"——《易》是以阴阳为基本符号的周朝法典。从孔子的思想方式看,无非是主张做人那个保平安的阴柔手段。是以调整自己的阴阳心理,来控制行为,以达到表现的"中和"。小人的"行险以缴辛",孔子认为就是因为"小人"不会用"阴"调节自己的"阳",所以行动很冲动冒失。以上是孔子为"伪娘化"中庸,做了功能上的解释。

评曰:
他上面的标准,不能算优秀官员的道德水准,只算是一位普通臣工的为官行为底线,拿它用做宫人职业守则来看,似更清晰一些。用现代语来讲,孔子的"伪娘化"技术,便是做人要"玩阴的",目的是能够平安的做官。"君为夫,臣为妇,民为子",是中庸之道为政治设计的执行模板,它是旧有天地理论的新开拓。中庸之道,就是完成这个模板的执行柯斧,以斩现君臣民之间的"夫、妇、子"关系。

孔子的政治模型，是上下阶层关系的构造，可称之"权力式建构"。天在上，代言天的是天子，地在下，代言地的是君子。天与地之间，生出民众的事务。这个上下阶层，是上下矢量线性的运动，所以孔子认为地上的君子民众都要向天而运，天永远"持中"是绝对的权威。所以"以柯斩柯"式的政教态度、"夫、妇、子"的政权关系，都成了实现模型的手段。如何对"子民"实施政教呢？借用了家政的"孝"，以柯斩柯的来做国政教导，强制建起类于家政的"夫、妇、子"国政关系。而其中，君子以"地的位置"，则有了"妇"的政治地位，来实现相夫教子般的婆心。

龙树菩萨的中道，有着非单一线性的思维方式，是以类似三维空间的平面论证的方式，完成了他的大乘"三谛论"。基于这个结构所议论的范畴考量，我认为它是有关于论"质"的哲学体现。什么是大乘佛法要讲的"质"？当然是"觉悟、佛性"啦！所以，三谛所涉及的空谛、假谛、真谛三者的关系，是有关佛学品质——人觉悟性的结构定位。我用数学理论来描述，"素质数议论"中的构成结构探究，可以达到我们对龙树"三谛论"结构的理性认知。三谛论是个三维结构的理论，它从三维物质空间，这样一个实体方法论的存在出发，去涵盖精神觉悟的世界观。所以龙树是承认物质决定了精神世界的，与孔子的一维线性的权力关系世界观不同，龙树显然不会认同孔子的精神权力（天命）决定"万物生焉"物质的世界观。一但认识到是"空谛"——物质三维空间性，决定了"真谛"与"假谛"的精神关系，那么世界无论如何地编制精神信息，也都不能逃出是因物质空间的认知，才分出了各种精神的不同价值取向。

《中庸·第十四章·5》**子曰："射有似乎君子。失诸正鹄，反求诸其身。"**

（译文：孔子曾说"射箭很像做君子，你虽是失误于箭靶，但要返回来向自身上找问题。"〈14—5〉）

● 这是说，做官的人，做不好官，不能去怪宫廷。完全是因为自己做人不能"伪娘化"，要检讨一下这个。孔子用"射"来说明这过程，说是你射鸟射不中，还知道检讨自身运用弓箭的问题，当不好官，也应该从自身的"伪娘化"做不好上去检讨。这个要求,也是中庸必须做到的道行。

评曰:
　　工作有问题,要返身观察自己,看似也算是一种正常的自省吧。这全归为"伪娘化"里去,孔子是太自作聪明了。伪娘化是不正常的"自省"——"自扭曲"。其实,由于孔子对"天命"的绝对权力,具有线性的矢量服从关系,故而强调了不得去质疑那个天操办万物时的权力,而应返究自身上的问题。这无异于把素质视为了神的赋与,不成功则只能追究自己对天的配合上。儒的天性是"赋权生心",所以它认为自己只有做好伪娘化的君子,才能符合被赋权的要求。"反求诸其身",是定义于对伪娘化赋性的一种自省。
　　而龙树菩萨的中道观念,把世界构成的一切,视为都是因缘下的因果论。是空性——空间三维下的观测合和。无论是上帝性的点,还是线性的子民臣工,都是同一个三维的事物。只不过是我们观察点的远近不同,构成了概念的区分,其实它们在觉性上都是平等的事物。并非真是有什么天帝给加上了权的天赋,导致了不同概念的区分。所以,孔子与龙树,一个中庸,一个中观,哲学上神秘唯心与辩证客观的唯物,两者根本走不到一块儿去。

《中庸·第十五章·1》君子之道,辟如行远必自迩,辟如登高必自卑。
　　(译文:君子的道,就像走远路要从近处开始;就像登高山一定是从于低处开始。<15—1>)

　　● 这是劝说君子学习"伪娘"之道,它之所以总被当时的人们看成无耻,是因为它有"行远"与"登高"的超人理想。而那些把中庸看成无耻的人们,都是一些内心不知行远登高的人,他们所以才不屑去做"自迩"与"自卑"的事。孔子认为,在宫廷里愿做"伪娘"而自甘于迩卑的人,才是最有理想的君子。

评曰：

君子的做人，是为保持至少做上个宫里人，它是没有实际指标的。与工农之类的实业收获相比，它没有做到多少，即收获也有多少的正比关系。依着孔子的话去理解，它却是个反比关系。所以，孔子所说的它，只是个"情"，而非"理"。理可以用叠加的数值来指标的，情则不能。情越浓，反会越感觉身旁有所欠缺，才会越内心自感"迩"与"卑"，这与中庸的描述一致。

孔子把学生远端理想的对面，树立其概念术语的"远"与"高"，在逻辑上做了学生近端的对立面，定义为"迩"与"卑"。似乎你是这个近端的人，必然只能是"迩"与"卑"的状况。这正中了龙树中道，其逻辑对概念死板化的批判。龙树最显著的逻辑成就中，有"三谛中道"论，指出了"空""假""中"三谛逻辑的统一。这"空"与"假"的逻辑论证，也可投放于孔子讲"远与近""高与低"的形式关系中。龙树的理论逻辑可以轻易揭示出：孔子这远近高低的比类，若是拿了"远、高"做为假谛，"迩、卑"便会为空谛，那么它们的中谛，将只能是"弃情趋理"的中道义。"远、高"假名下的"迩、卑"，不再以两端对立各个存在，它们本就是一个实体。做人以事，它只关系到理性，并不因"情浓"的"迩卑之感"，就能收获到假名下的真实。

孔子本段言句，它实质显现的是一种时空延伸逻辑的"蠕虫、橡皮筋悖论"。其悖论基本格式是这样的：一蠕虫要在长长的橡皮筋一端，爬向另一端的终点，在无穷尽的每一秒中，橡皮筋都将拉长1米，而蠕虫只在每一秒中爬行橡皮筋1毫米，如此的发展下去，蠕虫似乎是永远不能爬到终点。类此，人在君子之道上的"自迩"与"自卑"，也因此而逻辑合理似乎成立。当然，由于蠕虫的生命有限，以及橡皮筋分子质量的限制，此事是并不会实际出现的。不然蠕虫爬到终点的时间，就是比已知的宇宙年龄还要长，也都不能爬完全程；而橡皮筋也将因此会被拉长，乃至于超出了我们这宇宙的直径。

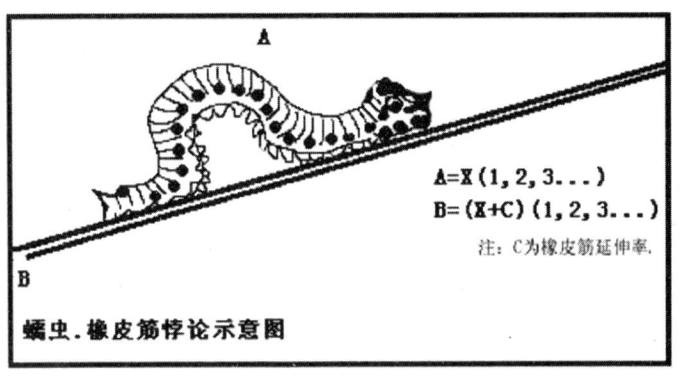

蠕虫．橡皮筋悖论示意图

孔子讲的"君子之道"，就是如此被他描述成了"拉长中的橡皮筋终端"。孔子的"必自迩、必自卑"，就是其行为上与君子之道间的一个"差值"。孔子已自代成了"蠕虫"。这个悖论即是那种理论似乎有理，而在现实中却不可能出现，其虚构性已说明了它逻辑上的似乎合理表达，现实中却是永不能成立的。所以，君子之道的"橡皮筋"上，"蠕虫"君子爬上一辈子也是白搭，永远也实现不了孔子宣讲的理想。其所谓：情之所至，当之无理。

《中庸·第十五章·2》诗曰："妻子好合，如鼓瑟琴。兄弟既翕，和乐且耽。宜尔室家，乐尔妻帑。"

（译文：诗中说："夫妇感情之好，如同弹奏琴瑟。兄弟间的友好，和睦的沉浸于快乐中。适宜于你建立家庭，也能快乐你的妻儿。" <15—2>）

● 这段是为了证明官员"伪娘化"的合理性，孔子举示了《诗经》中的古句，来做为其美好理想的示范。夫妇和谐与兄弟友谊，原是家庭幸福的表征之一，孔子说宫廷也要学习这样，把宫廷当做家庭来实现政治。孔子的理想中，君王与君子们之间，应该有夫妇与兄弟情谊的模拟，这样就可以做到宜宫廷、乐君臣了。他认为这句古诗，很确切表达了他的政治理想的状态。

评曰：

用古诗中的"夫妇""兄弟"之类的排比句，来证明中庸伪娘化具有家庭关系的自然属性，更以之证明它有国家正常的政治属性，此是可笑的。排比句的内容，并不具有有效的递进证明关系。这是在玩弄言辞概念上的模糊，是属于言辞诡辩。

伪娘化，是孔子中庸最赞赏的人格特色。又是"如鼓瑟琴"，又是"和乐且耽"，好是好，但那只是个理想国里才会有的事。其实，现实中没有一个组织，会是这样以暧昧的组织情调来承续运作。一个有效的团队，反之是要常常以内部的合法争论，来实现快速的交流决策，反对出现喧情于"摸着感情过河"的暧昧和模糊。

君臣的"夫妇"模型，来自于孔子所重视的"国家观"。他认为：国政＝家政，朝廷是大家庭，家庭就是小朝廷，这决定于孔儒的君臣夫妇说。其实，孔子出了逻辑概念上的混乱。他认为家庭朝廷都是人与人的"团体组织"，所以简单断定良好人际关系的家庭夫妇模式，是可以直接拷贝到朝廷内部关系上的。孔子忘了两者众多的差异性，远远大于"组织概念"的相类性。亲属伦理与政权事务，内在有不同的行为规则，国政≠家政。不能因为是并行的"团体"概念，或因为一方有某种优秀的细节，或某某团体内含有某一团体，就认为它们的规律是可向对方嫁接的。

中国古人喜欢借某物搞"概念模型"建构，或把某个现成的概念模型，搬到其他的事件中去阐释，比如"天地阴阳性格说""五行性状气质说""文武火候说"等等。孔子的中庸，其"天地君臣说"，虽未必是他的发明，但"君臣夫妇说"的确是他的首创，来自于他日常的兴趣与观察点。孔子在《论语》中为了表达自己的生活态度，曾提到了仙人彭祖[②]。彭祖是创建男女房中术的大师，以男女间的床笫生活，做为其长寿的理论。旁观之，彭祖的养生"男女术"，与孔子的政治"夫妇术"，客观上的结构何其相似。由于孔子对历史上古帝王的关注，他不会不关注到彭祖与尧帝的特殊关系。古人传说彭祖擅长烹雉汤，因向尧献雉汤而得封于大彭国。其实古人隐语，中国古人讲"烹雉"乃是男女纵欲术的代词。以"烹"为理论模型，它又演变出一种关涉事件的"文武火候说"。孔子生活在如此热衷于事态建模的浓郁文化氛围中，创出个"夫妇说"的中庸，是再也自然不过的事了。只可惜,他建立的政治模型,显现了以偏概全的重大缺陷,外部现象与内在功效上有很大的距离,起码属于数据的建模不当。

孔子建模不当,其君天臣地的新观念,颠覆了他所尊崇的传统阴阳学说。传统阴阳模型的天地的两象限区间,原只是代表着与生物无关的自然界,生物人类包括天子诸侯王,都只能处于上下天地之外的左右象限区间里。一但把天子诸侯这样的人,错误地赋于了天与地的身份,放入了天与地的象限区间里,原有天地的实质已被替代掉了。这个传统天地万物模型,就被异化成了一个新型的君臣百姓模型。孔子君臣百姓模型虽然借用了天地的上下观念,但它实际上与天地的阴阳,并没有什么根本的联系。常人惑于这两个不同模型的共用观念,仅仅是基于"上下"价值的共享。误以为孔子真的是在为传统的自然哲学做鼓吹呢!其实它虽然服从了"上下"价值,却违背了传统根本性的"阴阳"理论。如此违背传统的后果,是十分严重的,它们霸道的占领了天地的象限,实是在以天地自居。自然关系规律的阴阳模型,被搞成了个不伦不类的社会关系阴阳模型,"挟天地以令万物"且又让政术与生物的生殖活动,无理地直接挂上了钩。这个后果太严重,它违反了自然关系与社会关系的根本性区别,也违反了政治关系与男女关系的不可混淆性。孔儒改动传统阴阳模型的象限内涵,将夫妇纳为天地关系,拿天子之君位去遮天、君子之臣位以盖地的状况,如图所示:

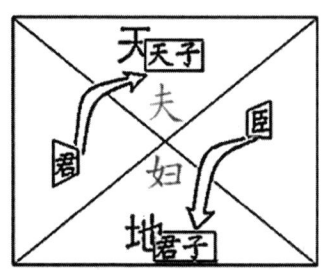

应用思考（之十一）：

情感投入式的思维，是用二进制进行的伪思考，这是血缘关系中不能再讲是非判断的被动服从，它也是传统家庭中常见的处理手段。而朝廷之类社会组织的建立，并没有以血缘的亲疏来讲政治是非的空间，政治社会空间要远大于家庭血缘结构，所以政治中讲血缘关系必然失掉社会公平。我们若用二进制对政治来要求讲血缘的是非，行政腐败就会立时美化成了合理合法，这正是"孔子悖因"出现的结果！"孔子悖因"的格式是 $p = q$ 同时又 $p \neq q$，用语言来讲，是不讲理诡辩；用哲学逻辑来看，就是悖论的自我矛盾；用数学来看，就是运算的不能成立；用医学来看，则是置自己于精神错乱之中。

在人类的文化史中，淫术被古代及现代社会，视为人的恶习汇源。因为男女淫术的价值少有通于其他学术的意义。所以现代社会把好于搞男女关系的人，鄙视为正行于歧途的无能之人。有人说中国古代也有不少人用淫术做长生不老的工具。比如孔子赞赏的彭祖，就是一夫御四十妇的大师。但我要客观地说：除了彭祖向帝王献过"雉"——送过一些美女做淫事之外，他也没有用男女关系去联想出什么美妙的治国之方。反倒是孔子利用了彭祖的淫术术语的"男女夫妇的阴阳"，首创"伟大的"中庸治国之"君臣阴阳"，从而有了这中庸之道的伪娘化理论。

淫事伤身，与娶四十九个妻子的彭祖理想，是相互悖论的。我们坚信淫术为万恶之首，它会让我们贻误智慧与健康，它是乱人本性的事。同理，我们也应视"君臣阴阳论"也是乱朝纲的事，它是一种政治理念上的"淫乱"。它不但无助于风烛残年的周朝，去获得真正永世长生的希望。还会让"胡作"的朝廷内部人员关系更为混乱和腐败。八百年彭祖的高龄，不过是一个美丽的传说。不论有没有淫可长生的科学事实，传说中彭祖还是在八百年后死掉了。所以我再次要指出，淫事是万不可以做为数理模型的，它的数理结构是一个极严重的悖论。刻意经营于生理或治国的欲念理论，都一样是会自焚其智的。它只会给你的肉体、你的国寿，带来更为短命的结局——淫政伤国。

①"素"的字义,原是指没染色的丝绸,也用来指代"本质的朴素"和"真情"。这里是"向来、一向是"的意思,《史记·陈涉世家》:"吴广素爱人,士卒多为用者",即同。

②彭祖,姓篯,名翦。又名彭铿,颛顼的玄孙。父亲是陆终,母亲是鬼方部首领之妹女嬇。因擅长烹野鸡汤,受帝尧的赏封,建大彭氏国。周代时任柱下史官,娶妻四十九位,子女有五十四。著有后人整理出的《彭祖摄生养性论》,晋葛洪《神仙传》记载他是养生家。

11. "无穷倒退"悖论式

《中庸·第十五章·3》子曰:"父母其顺矣乎。"
《中庸·第十六章·1》子曰:"鬼神之为德其盛矣乎。"
《中庸·第十六章·2》"视之而弗见;听之而弗闻;体物而不可遗。"
《中庸·第十六章·3》"使天下之人,齐明盛服,以承祭祀。洋洋乎,如在其上,如在其左右。"
《中庸·第十六章·4》"诗曰:'神之格思,不可度思,矧可射思?'"
《中庸·第十六章·5》"夫微之显。诚之不可揜,如此夫。"

(译文:孔子曾说"父母你总要顺从的!"<16—1>孔子又说"鬼神的力量本身就是很盛大的德化啊!"看到这些,却总装着眼看不见;听到这些,却装着耳不能闻,你体会到了它就遗漏不了。<16—2>去叫普天下的人们,都斋戒好了穿上祭祀的冥服,让他们都去做祭祀,这场面会多么的浩荡啊!就如同鬼神已在他们头顶上显现了,如同鬼神已出现在了人们的左右!<16—3>诗中也说'对神灵的推理思维,不可能得到完整的度量,怎么可以去做猜测呢?'<16—4>这个微妙与显然,实在无所掩盖,就是如此的呀!<16—5>)

以上数段,皆是引用儿孙对父母的孝顺,来阐述对于看不见的鬼神,也要如同对待父母一样的敬其德。

评曰：

"……父母其顺矣乎……鬼神之为德其盛矣乎"，这应是一个递进式的推证句，由于夹入了"子曰"而看起来它们不太相关了，像似排比句，其实并不可半断各解。孔子这是用了合理的"子顺父母"人伦，来推证出荒谬信仰的"德盛鬼神"其可信性，以求得人们对中庸的认可。当然，这构不成逻辑。如此做推证，不合因果构成的客观性。

孔子希望借以鬼神之德有不可度思的特点，来说明中庸也是同样的不可度思。目的在于提醒学生：不要因为道有微而隐的特点，转去学了小人放弃守道；不要因为有了独立思考，而放弃中庸。孔子对于鬼神信仰的热忱，来自于对"阴阳天地"理论的膜拜。鬼神，是天子、君子和子民们与天帝交遘的中介物，鬼神是天神的信使。所以孔子主张用祭祀来德化民众，并用人鬼阴阳交遘的祭祀活动的玄乎，来证明他的中道其玄乎理论的完全可信。当然，如此为自己脸上贴金，是蛮可笑的。

有人认为这是用意于以中庸之道，引导人们去孝顺父母。其实并不是，孔子只意在于借用孝顺，来引导人们去相信鬼神支配下的中庸。如同种蔬果引用了粪肥，不可当做他是为了单收获粪肥。如今孝顺就是被孔子当成了这个"粪肥"，用来灌溉他的中庸"蔬果"。由于"父母关系变鬼神关系"存在逻辑的偷换，它并不具有客观意义的存在，所以孔子此处的递进推理，显出了逻辑幼稚的成份。

孔子的大脑逻辑，多次出现建模不当下的推证。他再次以家庭"父子之情"，与祀祭"人鬼之恩"的似乎近似，来为家亲与国恩强扯关系。无非是要神化"孝"于政治上的特异功能而已，其实"孝"客观上不存在类似"人鬼之恩"的情调。孝行与祀祭，一个是人性的，一个则是神性的。论"情"，人性与神性根本就不可能相同，一为阳，一为阴，这也完全符合传统的"阴阳说"。显然，孔子违背了阴阳理论。孔子是"一元论"者，而阴阳论的传统文化，则是"二元论"。孔子错误以为君子的人性属阴（地），神性（天命）属阳。所以才有了违背商周以来的阴阳文化传统，走到了一元论的神秘主义唯心化的死路上。他的错误，可能来源于少年时窗外旁听贵族教育时的马虎，理解上把阴阳理论搞错对象了。

有人会说：对家都不亲何以爱国？家是国的具体内容啊！这是人们每

每对家亲国恩强扯一气要进行怀疑时,孔儒对人们常用的说服提示。但是,逻辑又告诉我们:

国 = a 家 + b 家 + ⋯ = n 家。
国 ≠ a 家、b 家、c 家⋯
───────────
∴ 各亲于家并非就是爱国。

以上看到,孔子献出的孝亲为家其所谓的"基本国策",并不是国政应该去做的本份事,它不能达成事实的一致爱国。国政应是加固于一切有家无家、有孝无孝所有国人的政治大团结,而非用伦理标准来代做政治范畴,去做家国不分的混淆。在一个健全的政体内,伦理在各个地区和民族间的不同,以及历史和经济的不同,那是可有所变动的,它并不是绝对善恶的死板标准。不然,你这孝亲文化的政治推行,便是在搞大沙文主义的种族文化歧视。这无异是在用某一文化来分裂社会族群,将人类具有天然的多元善良本质,和文化里可变化的多样性存在,用中庸来抹杀了。

《中庸·第十七章·1》子曰:"舜其大孝也与!德为圣人,尊为天子,富有四海之内。宗庙飨之,子孙保之。"
《中庸·第十七章·2》"故大德,必得其位,必得其禄,必得其名,必得其寿。"
《中庸·第十七章·3》"故天之生物必因其材而笃焉。故栽者培之,倾者覆之。"
《中庸·第十七章·4》"诗曰:'嘉乐君子,宪宪令德,宜民宜人。受禄于天。保佑命之,自天申之。'"
《中庸·第十七章·5》"故大德者必受命。"

(译文:孔子说"舜帝他真是大孝之人啊!这是圣人的德行。身为尊贵的天子,富贵遍布四海之内,宗庙供奉着他,子孙保护着他!" <17—1> "所以大的德行,必然会收获应得的地位,必会得到应得的利禄,必会收获应得的名誉,必会得到人生的长寿。" <17—2> "所以上天给予万物以生的可能，必然是因为它的材质可以胜任啊！所以下了种子就要去培育它，要倾倒的必然都会翻倒。"＜17—3＞ "诗中说'快乐的君子，遵行法令的德行，适合民众适合一切人。他获受的奉禄来自上天。上天的使命在保佑他，这是来自上天的告诫。"＜17—4＞ "所以有大德的人，必然受于上天的使命。"＜17—5＞）

● 这是继续上面为中庸所担保的话题，引证舜帝有大孝，所以成了圣人和天子。孔子还不忘用舜最终得到了"富有四海之内"，来鼓舞学生去守道。孔子认为一个人守道有了"大德"，就会得到官位和奉禄，还会得到大名声和生命的长寿。这是为学生打气的话，其实要收获以上的东西，孔子他自己也未必做到。他还不忘又引用古人的诗句，以证明从德到禄的全过程，都来自于天命。

评曰：

这是为官员"伪娘化"实施的第一步——孝行，所做的利益描绘。你看，他用舜帝做典型，讲到是因孝造就了舜帝的大禄大德。其实，大孝并不构成舜称帝的因果关系，就如同吃饭并不构成"称帝"的因果关系一样。孔子引用"舜帝"这样一个"大辞"，来企图对人混淆因果。这种利用甲范畴的大词性，来为乙范畴的意义做证明，脱离了甲范畴的相关乙内容方能证明乙意义的因果逻辑规范，这是犯了范畴诡辩的毛病。

孔子是"一元论"者，他的"伪娘化"是依从父质的"天"——上帝的绝对权威，由"孝"来拈出下属"国父"与"家父"的系列权力。再加进对"父"的服从去运用"伪娘化"，实现了政治男女化的创新。一元论，又可称之"绝对统治下的服从论"。

孔子有关于孝的话题，涉及了"无穷倒退悖论"所相关的议论。无穷倒退比较形象的例子，过去有位数学家奥古斯塔·德摩根整理出的一首诗：

大跳蚤有小跳蚤，
在它们背上咬，

小跳蚤又有小跳蚤，
如此下去，没完没了；
大跳蚤倒了个儿——变小，
上面还有大跳蚤，
一个上面有一个，
总也搞不清谁的辈份最老。

其实它的最古老版本，应是"先有鸡或蛋悖论"，我们对此是再也熟悉不过了。但是，将它的悖论格式，放到日常生活伦理中，比如在孔子讲"孝"的问题上，我们显然就会产生逻辑判断上的模糊。悖论这一形式，当然是反理性的，但出于某种人为因素，既连先鸡先蛋这个题都会搞得人们皆糊涂掉，何况你要在肉痛的亲情之孝问题上，想到它与"跳蚤悖论"竟然同源。亲情是人类情绪中最"似乎理性"的一种，它几乎常常让人们在这种伪思维中迷路，它是人们常出现判断失误的一个前提。所以敌对者常用这个人性的弱点，去对你的工作进行干扰，效果总是出奇地好于其它手段。

故而，孔子"孝道"里所内藏的悖论格式，的确是很少有人会发现的，更不用说去指出它的格式是什么样式的悖论了。当然，隐约觉察到其逻辑矛盾显于生活中的那种凸兀，还是有不少人的。执著于非真正的理性时，自我冲突一定是常见的因果样式。

《中庸·第十八章·1》子曰："无忧者，其惟文王乎。以王季为父，以武王为子。父作之，子述之。"

《中庸·第十八章·2》"武王缵大王、王季、文王之绪。壹戎衣，而有天下。身不失天下之显名。尊为天子。富有四海之内。宗庙飨之。子孙保之。"

《中庸·第十八章·3》"武王末受命，周公成文武之德。追王大、王季，上祀先公以天子之礼。斯礼也，达乎诸侯大夫，及士庶人。父为大夫。"

《中庸·第十八章·4》子为士；葬以大夫，祭以士。父为士，子为大夫；葬以士，祭以大夫。期之丧，达乎大夫；三年之丧，达乎天子；父母之丧，无贵贱，一也。"

（译文：孔子说"无有忧患的人，只有文王做到了。以王季做为父亲，以武王为儿子。父亲做了操持，儿子来做宣扬。"＜18—1＞"武王继承了大王、王季、文王的志向，披上战袍，并得到了天下。生前没有失败而天下闻名，被尊为天子，富强居拥四海之内，死了还被宗庙祀祭，子孙还在护卫着他。"＜18—2＞"武王没有受命于周公文王，而是发展了文武之德，追溯于大王、王季，在祀祭中只把先祖们奉为天子之礼。这种礼，诸侯王与士大夫或平民也都可以去用。武王之父，也只是士大夫的身份。"＜18—3＞"儿子若是士，是大夫的父亲下葬，要以士之礼祭祀。父亲若是士，儿子是大夫，要以士礼葬父，并以大夫之礼祭祀。葬期内的守丧，应贯彻执行到大夫等级。三年期的守丧，要贯彻执行到天子。对父母的守丧，不分贵贱人等，统一的要得到贯彻。"＜18—4＞）

●孔子借用周朝的武王是孝子的事例，来证明周朝官礼也来自于孝。为了证明孝行是中庸的起步，孔子此处，似乎是因某个人指出的"武王不孝"话题，而费劲的做逻辑证明。他拿出了武王祖父的祖父，来证明武王也是行孝的。

评曰：

这里，孔子心里也一直有着这个纠结：君臣关系，与父子关系在现实里的叠重矛盾。所以他用武王的周礼，来试图议论父子与君臣的合理叠加关系，从而生发出"孝"的理论。欲把家族伦理，与社会制度结合起来。所以说，孔子推荐的社会制度，是家族下专讲血亲的东西，类似于母系社会的内结构。它于奴隶主男权制度外框架里，对成员约束以母系社会行为准则，是具有家族式契约的管理规则。

纵览孔子讲的"孝"中，是否含有天然的君臣之礼？我们可以看到，武王放弃了对生前只是大夫的父亲文王行天子礼。反而对祖先行了天子礼，说是武王霸称天子，完全是应的祖先之命，而非父亲文王的任命。孔子以之否认武王父亲任命的执行合法性，目的是为了维护"孝"不得侵犯

"忠"的君臣意义，故而只说祖先的任命必然是合法的任命。这无疑于说，变革必须有祖父参与了，才是合法的变革。父子间继承的变革，因为父亲是非法的，所以儿子也致非法。可是，孔子这种逻辑，不能构成真正的理由，如果父亲变革的开端，它不是合法的，那么同样的祖父的变革，也不会是合法的。因为孔子认为凡是出现"独头"的变革，就不合法。所以还得要用祖父的变革性，为父亲、儿子的变革合法性来做证明。孔子的理论是想用伦理概念的"祖"高于"父"，试图产生出"低阶与高阶皆违法了，因为高阶与低阶是血亲，所以低阶高阶都合法"的荒谬结论，来否认武王革命所继承的"独头"性质。其实，这个论证根本不能用来证明某项变革的价值意义。变革的合法性，不依父祖的高低而产生有无，政权变革的合法性与家族伦理根本无关。其实，祖父子三代人行为的对错，只能由各人自己来负责，这个关系如图所示：

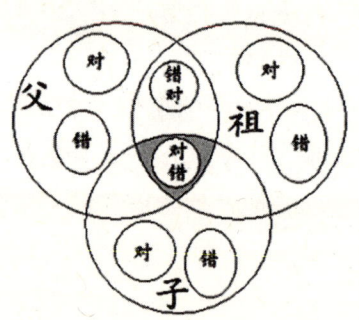

当一位小偷用人们认为的非法手段，占有了他人的东西时，小偷说：我的父亲虽然从不非法占有他人的东西，但我的祖父认为偷东西不非法，而且他老人家也偷东西。所以我偷东西就是合法的！因为我依照孔夫子礼教的教导，知道父亲与祖父间，要认祖父的观念为正确！

《中庸·第十九章·1》子曰："武王、周公，其达孝矣乎。"
《中庸·第十九章·2》"夫孝者，善继人之志，善述人之事者也。"
《中庸1第十九章·3》"春秋，修其祖庙，陈其宗器，设其裳衣，荐其时食。"
《中庸·第十九章·4》"宗庙之礼，所以序昭穆也。序爵，所以辨贵贱也。序事，所以辨贤也。旅酬下为上，所以达贱也。燕毛所以序齿也。"

《中庸·第十九章·5》"践其位，行其礼，奏其乐，敬其所尊，爱其所亲，事死如事生，事亡如事存，孝之至也。"

《中庸·第十九章·6》"郊社之礼，所以事上帝也。宗庙之礼，所以祀乎其先也。明乎郊社之礼，禘尝之义，治国其如示诸掌乎。"

（译文：孔子说"武王与周公文王，他们真是做到最孝了。<19—1>所讲之孝，无非是善于继承前人的志向，善于依循前人的事业啊！<19—2>出秋春前的季节里，就得修缮祖庙，陈列上了祀祭用具，配置了衣裳服饰，献上了合时宜的食品。"<19—3>宗族庙宇内的礼仪，排序上讲究父列左边之昭位，子列右边之穆位。排序爵位讲大小，可以分辨出身份的贵贱，排序事务讲前后，可以分辩人的贤能。排场次序要以下向上排，以此可贯彻到最低贱者。宴席要以毛发的黑白来排序长幼。<19—4>操持在应在位置上，施行在应在礼中，演奏应奏的乐曲，敬重他应尊崇的人，爱戴应亲近的人，服侍死者如同服侍活人，服侍亡灵如同服侍有身之人，这个孝才是最究竟的啊！<19—5>郊外社稷的礼仪，它是用来服侍上帝的。宗族庙宇礼仪，故而当在前面先对天神做祀祭。明瞭了郊外社稷的礼仪，再去讲夏禘秋尝的方面，治国也就如同展现于手掌之中了。<19—6>）

● 这是讲"孝"在奴隶制宫廷中的政治功能，由孝引发的"礼"，与治国的关系。

评曰：

孔子用周朝设定的礼仪，来讲周朝天子如何的大孝。其中，孔子很清晰地描述了周朝如何用祀祭礼节，来向上天和故帝做通灵行孝。孔子实际讲到，周朝只重视冬季与春季的祀祭活动，而对夏季与秋季的传统祀祭并不推重。郊外社稷的时节，是在冬日，用来祀天神的；宗庙祀祭的时节，是在初春，用来祭宗庙里的故帝。夏季到来的时节，才是行禘祀的时候。禘祀，专用来祀各家的祖先，不是祭帝祖的……总之，孔子这里只讲的是社稷与宗庙，两种场合里的规范。社稷、宗庙、祖先的祭祀阶梯，是绝不可逾越的。其中讲到的众人行礼次序，孔子注释以了"孝"做为它的定义，从而引伸出周朝政治规范，也来自于祭祀规范的推断。此处，孔子显然是颠倒了政权与祭祀产生的前后关系。我们知道，只有政权上实施祭祀的设定后，才能有祭祀的各种规范产生。而不可能先有对政权人物的鬼神做了祭祀，后才有人群政权这样的事发生。因为逻辑告诉我们：在政权未立之时，后朝天子的宗庙还未在大地上出现哩。哪有被借鉴于"孝行"的可能呢？所以孔子的论断，完全只是个主观的拟想。

　　论到"孝"，原来的自然行为也没什么错，这是人类感恩的美德。但把"孝"异化成了政治手法，则是对孝的污辱。孔子巧妙地借帝王对祖先的孝，与人民的孝行有同一性，妄加推断人民的孝中也有帝王的政治性。其实通过逻辑，我们知道帝王在与人民共通的孝行问题上，其政治身份是应当略而不计的。我们不能认同因为有政治帝王的参与，孝就必须是有政治意义的。其实孔子是反对百姓禘祀自家祖先的，所以，孔子讲的"孝"并不包括百姓祭祖，而是要百姓以对贵族的"服从"做为"孝行"的体现，向着贵族与贵族祖宗去行"孝"。当然，此"孝"已非彼孝，这里又再次的出现了"孔丘悖论"。

　　当一位儒士，手拿着一颗石蛋，对和尚说：我姓石，我家母鸡生的是石蛋；你姓金，这母鸡我卖给你，它一定会给你生出金蛋的。和尚说：金蛋与石蛋没有什么逻辑关系吧？金蛋石蛋与母鸡也没有什么逻辑关系吧？你就留着它继续生你见鬼的蛋去！孔子的祀祭礼仪，就是"石蛋"。而孔子认为"孝"是"母鸡"，是它生出了礼仪。中庸伪娘化的道，则是个儒士的"金蛋"。

应用思考（之十二）

　　"孔丘悖论"现象在人类思维史上，是个很古老的话题了。看街边的无赖也会开口说话，但都是那么对人耍横，人们当场多是无以应对，而总是无辜被欺负。所以提倡对"孔丘悖论"的思考，有利于百姓们掌握严谨的逻辑工具，当即能识破无赖们的诡辩花招。有些不良律师和业界人士也会在民事法庭上,耍弄"孔丘悖论"去欺压事主,把法理弃置一边,专讲感情述因,把果地上已犯了的罪错,企图用"情"来消弥掉,或用此计把白的也说成了黑的,事主大多无有还手之力。故而,重视"孔丘悖论"的社会危害,在国家政治的安全之外,还有思维科学应用于民事上的重要性。

"孔丘悖论"中内含的诸多悖论现象,并没有为国人关注,已被默认了长达千年之久,长期占据了某种合理空间。基于孔子思想在中国官民心中普及的程度,传统思想中国人思维内的"孔丘悖论"早已是无处不在,它会在历史上以哲学、法律、文学和民俗的方式表现出来。

12. "理发师"悖论式

《中庸·第二十章·1》哀公问政。

《中庸·第二十章·2》子曰:"文武之政,布在方策。其人存,则其政举;其人亡,则其政息。"

《中庸·第二十章·3》"人道敏政,地道敏树。夫政也者,蒲卢也。"

《中庸·第二十章·4》"故为政在人。取人以身。修身以道。修道以仁。"

《中庸·第二十章·5》"仁者,人也,亲亲为大。义者,宜也,尊贤为大。亲亲之杀,尊贤之等,礼所生也。"

《中庸·第二十章·6》"在下位,不获乎上,民不可得而治矣。"

《中庸·第二十章·7》"故君子,不可以不修身。思修身,不可以不事亲。思事亲,不可以不知人。思知人,不可以不知天。"

《中庸·第二十章·8》"天下之达道五,所以行之者三,曰:君臣也、父子也、夫妇也、昆弟也、朋友之交也。五者,天下之达道也。知、仁、勇三者,天下之达德也。所以行之者一也。"

《中庸·第二十章·9》"或生而知之;或学而知之;或困而知之:及其知之,一也。或安而行之;或利而行之;或勉强而行之:及其成功,一也。"

(译文:哀公向孔子询问政务。<20—1>孔子答说"文与武这些政务,要以方略和策划为布局。这样有布局的人存在着,则政务必有兴旺;若连这样的人都不存在了,那么这政务也必然消失。<20—2>人类的道,政治是很敏感的所在；而地理的道，上面植被是它敏感的触角所在。所谓政治这个东西，也似植物啊！<20—3>所以执政的关键在于人，用人便是用他的身手，要以道来修身，又以仁来修道。<20—4>这个仁字，重点是人啊！最大目的是要去接纳亲近的人。这个义字，就是讲究适宜啊！最大目的是尊重贤能的人，应消除只接纳亲近的人。能尊重贤能的人，所以礼也产生了。<20—5>低阶官员处在底层，若没有了高层的支持，民众也不可能得到有效的治理。<20—6>所以做君子，不可以不修身，考虑要完成修身，就不可以不服务亲近的人。要服务亲人，不可以不知人间之事。要想知道人间事，不可以不知道上天。<20—7>天下政事可以通达的道有五个，实践的方面有三个。它们是：君臣、父子、夫妇、兄弟、朋友，这些关系。以上五个，是天下达道的路。智慧、仁义、勇敢这三者，全可达成天下的德化，所以也都是一样应实行的<20—8>。或是生下来就是知道的，或是学习来而知道的，或是在困惑中摸索出来，它们所涉足的知识，它们全都是一样的东西。或者是安排好后的实行，或者是被利益吸引的实行，或被勉强推动的实行，你通过它们得到了成功，其所收获的东西也是一样的。"<20—9>）

● 孔子借助君王所提到的"政治"，阐述了政治目的只是为了治人。所以要用中庸之道，以中庸来要求人们去修身以"仁"。孔子不但讲政治目的，还讲政治结构，提出政府也要以中庸之道的"礼"，去搭建一个纯情政权的血亲秩序。

评曰：

不用否认，"知天"，与君子的"地"位相关。但是孔儒在此处的逻辑，出现了借助阴阳模型的天地关系，引入事亲修身的论证内涵。事亲修身与天地，有没有直接的因果逻辑？我认为它们之间是没有什么因果关系的。君天臣地的设置，是政权组织的政治关系，是属于社会功利关系的组合。而事亲修身，是家庭成员间情感因素的价值取向，是归于感情大于功利的血缘生物关系组合。孔子如果只认为某个血缘关系的亲戚们，在政权下实施统治，才是中庸之道的必需条件，它这个"天地"与修身事亲就没有什么逻辑性。为什么孔子要提倡中庸呢？实现单姓血亲统治的政权复辟，才是他的真正目的。若没有单姓血亲统治的天子政治先决条件，"天地"这个政治模型，便与事亲修身毫无关系。否认了血亲统治的首要条件，孔子所谓君臣父子间的天地与修身事亲，就是一个伪逻辑的论证。

其实，我们现在看来，天地政治模型，与血亲统治也可以做分离。一但与血亲关系分离，其政治价值就立即成为人人平等的理性人际关系了。血亲政治的价值关系，是政治自私的真正导因。官员腐败与霸道，产生于政治上血亲环境的互相鉴别纵容。这个政权上下只是由某一单姓构成的，理论上才能实现君臣间具备父子般的"中庸"情感。此刻的异姓异族之间，官欺民的腐败现实，将成为中庸之道支持下的必然结果。

《中庸·第二十章·10》子曰："好学近乎知。力行近乎仁。知耻近乎勇。"

《中庸·第二十章·11》"知斯三者，则知所以修身。知所以修身，则知所以治人。知所以治人，则知所以治天下国家矣。"

《中庸·第二十章·12》"凡为天下国家有九经，曰：修身也、尊贤也、亲亲也、敬大臣也、体群臣也、子庶民也、来百工也、柔远人也、怀诸侯也。"

《中庸·第二十章·13》"修身，则道立。尊贤，则不惑。亲亲，则诸父昆弟不怨。敬大臣，则不眩。体群臣，则士之报体重。子庶民，则百姓劝。来百工，则财用足。柔远人，则四方归之。怀诸侯，则天下畏之。"

《中庸·第二十章·14》"齐明盛服，非体不动：所以修身也。去谗远色，贱货而贵德，所以劝贤也。尊其位，重其禄，同其好恶，所以劝亲亲也。官盛任使，所以劝大臣也。忠信重禄，所以劝士也。时使薄敛，所以劝百姓也。日省月试，既禀称事，所以劝百工也。送往迎来，嘉善而矜不能，所以柔远人也。继绝世，举废国，治乱持危，朝聘以时，厚往而薄来，所以怀诸侯也。"

（译文：孔子曾说"喜欢学习则能智慧，努力实施则能仁爱，知耻辱则能勇猛。" <20—10> "知道了这三条，就知道了要去修身。知道了要修身，就知道了对人的治理，知道了如何治理人，则知道如何去治理天下国家了啊！历来操持天下与国家有九个经验：它们是——修正身心、尊重贤能的人、亲近亲人，敬畏大臣、体恤群臣、视百姓如子，招募百业工匠，怀柔边远部落，念怀诸侯王们。"＜20—11＞ "修正身心了，则道义便有了立处。尊重贤能的人了，则不会迷悯。亲近亲人，则父母兄弟不会有怨言。敬畏大臣，则眼光不昏花。体恤群臣，则士人会报答以全身。视百姓如子，则百姓能听劝言。招募百业工匠，则财富充裕。怀柔边远部落，则四方邻邦会来归顺，念怀诸侯王们，则天下都畏惧你！"＜20—12＞ "执斋盛装，举止有节，这就是修身。去除谗言、远离女色，轻贱钱物而看重品德，可以劝人谋求贤能。给爵位以尊严，重视奉禄，统一好恶观念，可以劝人去亲近亲人。"＜20—13＞ "给担当官吏者以气派，便可以引劝大臣。重视给予忠诚信用的奉禄，可用来引劝士人。看时节不同而差使人民，少收赋敛，可用来引劝百姓。日有察看、月有检试，只使用称职的人，可以用来引劝百工。礼送去客、礼迎来宾，嘉奖善者，怜悯无能者，可以用来怀柔边远部落。继承被灭绝的世族，托举起被废弃的城郭，整治乱世、持重危局，赶超逝去的时光，厚礼去而薄纳来，这是念怀诸侯啊！"＜20—14＞）

此言虽是孔子对诸侯王哀公的原话，这里，实是子思借以对学生们所说。

评曰：
继前面孔子关于政治目的与政治结构的阐述，他在此要求人们，应该对中庸有个好学的态度。并担保若这样做去，社会的血亲情感秩序有了，国家也会财富充足起来。有趣的是，孔子这里讲的内容，显然是对天子的要求，但被他这儿错位用到诸侯王身上了。而子思更又错位地推荐给了士子们，他们是忘了君君、臣臣、父父、子子的不同？所以我以为这些话，不是孔子的思想原创，而是他从书上背给哀公听的，孔子疏忽了天子与诸侯王的身份区别，实质这个"九经"，是根本不适合介绍给诸侯王哀公的。我更看作孔子的"九经"阐述，只是四处推销祭祀文化"优越性"的行动，他并不在意听众是谁。

子思没有发现孔子的错误，又继承了孔子的类似模式，这不能不说是儒生们眼力太"眩"，应是他们已有了一个惯性的、群体化传播的逻辑模式，导致祖孙间的不断重复出错。

从这个政治程序看，孔子主张：基于祭祀文化来实施政体的运行，就能实现诸侯世族的和谐社会恢复。孔子认为，"九经"就是这个祭祀文化，在历史上得到的政治成就体现。前面我们已说过，整个程序，孔子只找的是"孝"的借口，他把家孝与祭祀等同联系了起来，做为家政与国政之间的共性，从而为血亲政治留下"继绝世，举废国"的理由。我们注意到：这是一个以血亲政权为唯一合法性的理由，它被孔儒赋予了所谓天命的神性，故而它也不具备真正人与人生命与政治的平等。一些执政中对民的施与恩赐，并不具有体面的公允，它只是随兴施舍和利益驱动。

孔子说："执斋盛装，举止有节，这就是修身"，并没有明显讲到类似佛法的"修心"。所以把孔门的中庸，视为修心的中道，是一种不该有的误解。修身是心向外求道的表现，是以肢体行为做给人看的内容；而修心是要心向内去求的，是以严肃大脑思维为内容的修行。如龙树大师的中道，就是专讲形式逻辑的归纳演绎修行。所以，从孔子以"修身"做"九经"之首的观点来看，中庸它是根本就没有"修心"一说的。前述的"伪娘化心理"它是不是一种修心呢？不是的。伪娘化的行为也只是肢体和面容上的异样表达，属于心态心理的异化，与思维的严肃逻辑两者互为对立。龙树一生主张的佛教严肃形式逻辑，正是为了反对和修正人类心理上的不健康。所以孔子中庸教人的异化心态，是走向了修心的反面，是官瘾欲望的变态与放纵。

他说："知所以修身，则知所以治人"，治人——这正是修身目的所在。所以不能以为孔儒的修身是为了什么做人，他们的修身是为了去整治别人而已。这就可以理解为什么不像佛门这样的修心，执斋盛装的举止有礼，是不必去讲修心的，只要照着官定的风俗做就行了。所以，中庸的"中道"是专讲肢体脸色表达"中"的技能，龙树大师的"中道"是专讲思维逻辑的"中"，是归纳与演绎的统称。

《中庸·第二十章·15》"凡为天下国家有九经，所以行之者一也。"

《中庸·第二十章·16》"凡事，豫则立，不豫则废。言前定，则不跲。事前定，则不困。行前定，则不疚。道前定，则不穷。"

《中庸·第二十章·17》"在下位不获乎上，民不可得而治矣。获乎上有道：不信乎朋友，不获乎上矣。信乎朋友有道：不顺乎亲，不信乎朋友矣。顺乎亲有道：反者身不诚，不顺乎亲矣。诚身有道：不明乎善，不诚乎身矣。"

《中庸·第二十章·18》"诚者，天之道也。诚之者，人之道也。诚者，不勉而中不思而得：从容中道，圣人也。诚之者，择善而固执之者也。"

（译文：自古执掌天下国家必有九条法则，而对于行动则有一样的要求。<20—15>但凡做事，有预备则可立足，不预备则会废止。发言前能有定位，则不会被自己绊倒。做事前有定位，则不会有困难。行为前有定位，则不会心中产生疚愧。对方法之道有定位，则不会走进死角。<20—16>处在低位不获得上级的支持，对民众便不能治理。要获得上级的支持也有方法：不能取信于朋友，就不能获得上级支持。要获得朋友的支持，也有方法：不能顺从于亲近的人，便不能取信于朋友啊！要顺从于亲近你的人，也有方法：以身反叛的不诚恳，就是不顺从亲近你的人。要身心诚恳也有方法：不明了什么是善，就是身心的不诚恳。<20—17>诚恳，是天上定下的道理。做诚恳的人，是人应行的道。诚恳了，不用努力就能把握住"中"，不用思考，真理就能得到。从容走在中的道理上，那就是圣人了。诚恳的人，他是选择了善的，就必定坚决的执行的人。<20—18>

● 此上几句，他借"九经"的所谓伟大成就，托出了自己整理的一些想法。孔子以社会人与人的诚信关系，来论证他传播的中道——"中庸之道"，有着诚信的保障。

评曰：
孔子用一种异形的逻辑方式，试图证明臣子若能定位于诚恳，（仿夫妇间的诚恳？）其对治理国家的重要。用置换的方法看这异形逻辑，无非是讲定位于诚恳的取信于亲人、朋友、领导，才能得到治理百姓的领导支持。但是，孔子错用了递进关系，去表达一个并列式逻辑的因果关系。说明孔子认为亲人朋友，与上级领导的关系，首先是以亲人价值为领导信任的首肯，这显然是说明领导只信任在亲朋中有诚信的人。可是我们知道，亲人与朋友、领导三者，在现实中是并非线性关连的诚信关系，而是各个不同的诚信关系。孔子如此做考核官员的设置，显示了他所说的评估理论，没有岗位验证的有效手段，故而才用伦理的血亲诚信，来代替了职业诚信，亲情胜于理性，显然这是十分不科学且错误的。

我们知道，对父母朋友的诚信与否，不构成治理百姓的必然职业诚实条件。比如《论语》中的管仲，就是一个常对好友不能实现私交诺言的人①，但他同时又是最伟大的齐国宰相，是位列于"春秋良相"之首的官员。我们在现代犯罪实例中，也可见到不少对父母朋友极尽诚信的职务犯罪者。可见，孔子用的逻辑是错的。正确的方式，应是实现各个并列的诚信，而非递进的诚信。所以孔子的逻辑，它是循无因果的。

孔子这个有关于"诚"的话题，实际上是与伯特纳德·罗素的"理发师悖论"完全同一个格式。理发师悖论是罗素在议论集合论结构的自相矛盾性中，用简单故事形式所表述的。罗素说：一个小城里的理发师，在店里挂出一张告示，上面写着城里所有自己不刮胡子的男子，都由他来给刮脸，他永不给自己刮胡子的人刮脸。于是有人问，理发师自己刮脸么？如果他自己给自己刮胡子，他就是自己刮胡子的那类人。据于店中告示，他就不得给自己刮脸；如果他是叫别人给他刮胡子，那么他就属于自己不刮脸的人，别人就不得给他刮胡子，他应去他的理发店让他自己刮！当然，孔子的"告示"是给诚以"诚之"，不给无诚以"诚之"。我要问他，他的宣教是给我以诚还是"诚之"？给我了以诚，他就非人的"诚之"；他若给我以"诚之"，他就非天的诚。若说我是万物之类，不能拥有天所独有的诚，而只有人的"诚之"。孔子讲"诚"时，对我到底是诚还是"诚之"？所以，孔子讲诚的理论格式，也是一个关于集合的悖论，运行只能使自己出现自我矛盾。

有人说：中庸"九经"与人间社会的良性行为不悖，为什么又会与中道的佛理不同呢？其理由，无非是中道讲"考定正邪，研核真伪"的逻辑思辩，中庸讲的是处于思辩之外的行为规约，有如运算决策的大脑，与四肢的习惯行动，两者所处范畴的区别是相当大的。中庸与中道比较，若以重合的层面上去论议，如图所示，只是与佛法的假谛的部分伦理范围有些重叠。而且就是在伦理学上，也未必两者是相同的，一个是周代的中原伦理，一个则是古印度民俗伦理。所以讲中庸与中道的同处，那点内容的重叠所占的份量，如吃饭对于坏人好人的一样，可忽略不计。中庸的目的是建设起宫廷的行为规约，而中道的目的是建立哲思的逻辑思辩规范，一个是属于典型的政治行为，一个则属于纯粹哲学行为与思维研究。

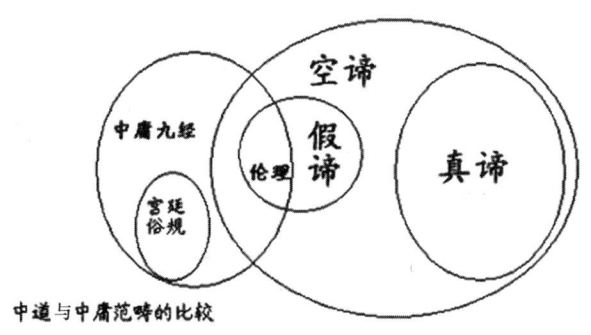

中道与中庸范畴的比较

上式，转用古因明五支法逻辑表达，如图：

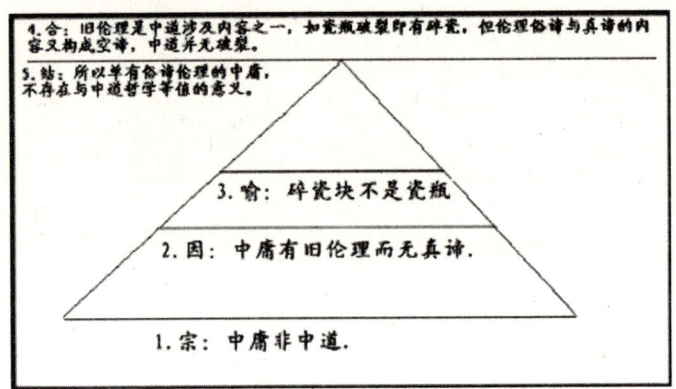

《中庸·第二十章·19》"博学之，审问之，慎思之明辨之，笃行之。"

《中庸·第二十章·20》"有弗学，学之弗能，弗措也。有弗问，问之弗知，弗措也。有弗思，思之弗得，弗措也。有弗辨，辨之弗明，弗措也。有弗行，行之弗笃，弗措也。人一能之，己百。人十能之，己千之。"

《中庸·第二十章·21》"果能此道矣，虽愚必明，虽柔必强。"

（译文：博览学习它，反思而求问它，懂慎的思量分析它，笃切的实行它。<20—19>该学的没去学，学了又不能实施，这是不能拿出来用的。该思考的没去思考，思考的没有总结，后必不能实施啊！该有的分辨搞不清，或辨别不明确，后必无所措啊！该行的不实行，实行的不扎实，会无所措的。若人能做到一分，自己会收获百分，若人能做到十分，自己必会收获千分。<20—20>如果真能做到这个道的话，虽是愚人也必成聪明，虽是柔弱也必成强壮。<20—21>）

● 此段言句，是讲人们对中庸的难行，在于不会向前辈求道与学习、在于不会花费比别人多的精力来实施。

评曰：

我们不能因为此处的言而成理，就认为他的哲学是对的。此处之言，是在推荐实践中庸的方法，而非中庸的世界观。方法的有效与否，不会构成世界观的对错判定。所以这里中庸世界观的荒谬下，实施它的方法再有效，也不得去认可它。比如说，有狂者说自焚而死可以升天，你不能说自焚可以有效地死成，故而自焚升天就是正确的。显然，自焚的行为虽有效，但它无法获证如此而死的行为真是正确。因为，这是两个不同的论题，只应该分别地议论。

方法下的动态不一定是方法论。
互动显现与世界观不一定成正比。
————————

∴ 互动的显现与世界观的正确无关。

由于孔子和子思在《中庸》中的各条论证，其内容里出现了无数次的悖论格式。他们在这里要人们从各方面去实践包含这些悖论的中庸，我看几乎人人都会被这些悖论搞糊涂。越是信赖这些理论的利益，糊涂得就会更彻底。"果能此道矣，虽愚必明，虽柔必强。"其实不过是安慰那些因学道而变愚变弱的学生，为被各种悖论弄糊涂的学生，其未来打出保票。

应用思考（之十三）

判断是二进制的，操作是十进制。若判断中以十进制来运行，则无法正确决策。若处置事件中，以二进制来运行，则会合作中是非磨擦不止，事情无法实施弄得一团糟。在一事件中正确的思维，应是二进制判断后再加以十进制处置，若二进制尚未完成，则不应进入十进制思维，若二进制完成则应不留滞于此，更得进入十进制处置之。这个过程用数学看，就是 1+1 内含 a 与 b 的关系，孔子不知，总是把应是二进制思维时，却用上了十进制，是非不清成了混场子的那类人。他数次想动念头到叛匪队伍里去当官[②]，这就是在没有二进制的思维前提下，就想用十进制参与进去。他还说自己是黑得再也染不黑、白得再也洗不白的东西。从语句中，也能见到悖论存在。自己是黑或白,并不构成对方原有性质的定位。因为对方性质的固有意义是由公理决定的,而非孔子的性质所导致。孔子认为自己不会被染污,就可以进入污垢之地,这是荒诞的。虽然大乘佛教也讲出污泥而不染,但这只是讲纯粹思维分析中对各种缘的认识,而非是匪帮中去当官的同流合污。基于孔子的原话,黑物入于染料中是不是被染,白物洗不洗得白,稍有脑筋的人,都会明白孔子是玩弄了一个悖论。他把对方黑白是非的话题,偷换成自己什么黑中黑、白中白的话题了。这无疑是言东而话西。如果要批判孔子的伪逻辑,很简单:只要指出白物入黑必被染,黑物入白必成灰,孔子与匪帮的关系应是黑白是非关系,只存在这个实际关系。除非把孔子与匪帮论为两者都是黑的,也许就合乎孔子心理了?这似乎又在自证自己就是匪徒之流么!或者说自己与匪徒都是白的,只是他最白,似乎这又讲成匪帮也是圣人了。总之,不承认 a 与 b 间的比量关系,就会出现混淆是非的事情。你没有完成比量条件就干加减之事,是替魔王在做小鬼。所以孔子的诡辩是不能成立的,子路多次出面阻止孔子去匪窝当官,是正确的。

佛教自龙树以来,又发展出了以八识为基础的唯识理论,它所讲的阿赖耶识、末那识、心意识、眼耳鼻舌身五识,就是基于全逻辑分工而建立的思维分析法。末那识是二进制思维,心意识是十进制,五识是二进制混同十进制记忆的直觉意识。阿赖耶识是对末那、心识和五识的统一认识,对于思维本质的研究,分列出了二进制与十进制,以及统辖着两类进制的阿赖耶识,可谓详细。

---

①详见拙著《论语镜像》第20章"牛铃与韶乐"。或《论语·八佾》原文。
②详见拙著《论语镜像》第61章"无法下嘴的苞瓜"。或《论语·阳货》原文。

13. 巫诚

《中庸·第二十一章·1》**"自诚明，谓之性；自明诚谓之教。诚则明矣；明则诚矣。"**

（译文："自我诚信的聪明，称此为'性'；自我聪明致力于诚信，称之为'教'。诚信就能聪明，聪明则能诚信。" <21—1>）

●"对自己的诚实就是性"，"对他人的诚实就是教"。此段是子思，阐述"性"与"教"的关系。他分列出学习的"性"，与教学的"教"，分别给予"诚明"和"明诚"的对应关系。

评曰：
中国大乘佛教禅宗里，有一个著名的偈句："人从桥上走，桥流水不流"①。孔子对于"性"与"教"的概念之间的一番议论，完成了一个类似于拓扑学的"不动点定理"阐述，以说明"性"与"教"间在我们身上存在着某个共有的"点"——"诚"。并用这个点，来说明"点"所存在处就是"可明（聪明）"。当然，这个定理是正确的，当你乘船走这条水路时，返回再走同一条水路，必然会与来时某个时刻的某一点上相会。但是别忘了，这只能是一条水路的往返事件，如果孔子的"性"水路与"教"水路，并不是走一条水路的往返程序，那么它就不再适合于"不动点定理"了，它就不会有叫什么"诚"而"可明"的交会点。说白了，就是两者间并没有出现交流的"诚"。"天命之谓性"与"修道之谓教"

两者间，是不是同一条"河"呢？孔子以"率"做了两者之间的共享条件，似乎"率"是这条河了。由于"诚"也是被指定为"河"的，所以只要看看"诚"＝"率"否，即知往返是不是一条水路了。诚是言而必行意，率为遵循某事意，所以它们是相近的，可以认定此处孔子的言辞，具有真的逻辑意义。本句的合理，只讲是自适上的合理。要论及更高一级的逻辑合理性，必须涉及解释性内容物的合理条件，不具备这个，此逻辑虽为真，也是无实际意义的。

孔子讲一个人的聪明，与诚信与否相关。可见，他这个聪明，只是人际关系上庸俗的东西，而不包括诸如匠艺、兵法或园农上的技能聪明。

这里，孔子出现了概念学的错误。聪明与诚信，是不是能相一统的两个概念呢？不一定。比如有某位职员在工作上，对家人以诚信的方式外泄了商业机密，这个职员可以判定为是不聪明的诚信者。"诚信"是局限性的概念，是一种"主观行为态度用词"。而"聪明"是行为的客观判断词，诚信下的聪明，对于泄密一类的事件，也能谓之"性"？看来已是不适用了。

在佛教里，聪明与智慧是不同的，佛教认为聪明是有局限的，而智慧则普遍一切处。智慧又称"般若"，梵语若那 Prajñā；âamacron；na，译"智"。般若 Prajântilde；âamacron；，译"慧"。大乘理论认为"照见名智，解了称慧。"佛教中也有"明"这术语，梵语 vidyâ，巴利语 vijjâ。音译为"费陀"、"苾驮"。意即灼照透视。意指破除愚痴之闇昧，而悟达真理之智慧②。所以佛教讲的明，并不是汉语的聪明，而是智慧。

《中庸·第二十二章·2》唯天下至诚为能尽其性。能尽其性，则能尽人之性。能尽人之性，则能尽物之性。能尽物之性，则可以赞天地之化育。可以赞天地之化育，则可以与天地参矣。

（译文：只有天下的人都达到最诚，才体现本性，才能体现人的本性。能够体现人的本性，才能尽显物质的本性。能尽显物质本性，才可以算辅佐了天地的生化培育。辅佐了天地的生化培育，才算是与天地配合了。＜22—2＞）

●此"性",在前面被讲成是"天命",现在又以"人性""物性"来解释它,说这是"天"激发了"地"的尽性,才有万物的化育功能,而"至诚"就是孔儒所要求"地"去完成的任务。孔儒认为,至诚是化育万物所必须的重要条件之一,其政治上模拟的实是男女两性的繁殖规律,古人由于科学知识不足的局限,曾天真地认为两性繁殖能否怀孕,第一条件是阳性去激发阴性,第二条件是阴性要对阳性表达出"至诚",有了至诚才会腹中孕子。

评曰:

孔子之前所讲的"君子之道,造端乎夫妇",我们在这里,找到了它的完整表达式。将各语素加以一一反列,可以得到"天地—化育—性—至诚"这样一个逻辑的溯源。细究则其无异就是一种"繁殖论",是在繁殖过程上找"两性为天性"的理由。"化育"一词是借以对生物体的描述,对"天地"做了"两性"的比喻,转过来又对"人"这种"具两性的"生物进行指涉。所以孔子讲的性,并不是什么真正的"特质性",而是繁殖两性的性。不然,他也不必举示如此的逻辑理由了。用三段论分析可得:

君子之道讲夫妇两性,也讲天地有化育的性,又讲人的天性。
天地化育的性只是借夫妇的两性做比喻,夫妇都是人。

∴ 人的天性,实是夫妇的两性。

可见,孔子原本不过是因地上讲夫妇的"性",即男女两性关系,为了表明崇高而插入了天地关系的比喻之"性",最后绕回来还是讲到人的天性——男女的这"性"。为什么拉"天地之性"为男女阴阳之性做生硬的衬托?因为孔子认为政治是辅天的行为,所以拉来含"天"字的内涵,即可以得到被许可以辅天——用男女阴阳观念参与政治的理由。男女阴阳化的政术,一时即变为了辅天的正当理由。显然,"天性论"这是一个诡辩，是属于偷换概念的诡辩术。理由如下：

男女有夫妇繁殖之性，男女亦是万物之人。
繁殖性成万物，非性繁殖成政治。

∴ 政治无繁殖之性。

龙树是伟大的逻辑学家，是印度大乘佛教中观派（空宗）的奠基人。他的逻辑思想成就，影响了后代的东方世界一大片区域，也包括中国人自唐代近二千年以来的逻辑水平。返观孔子时代，如上的"唯天下至诚为能尽其性。能尽其性，则能尽人之性。能尽人之性，则能尽物之性。能尽物之性，则可以赞天地之化育。可以赞天地之化育，则可以与天地参矣。"的推证方式，与其说它像是推证过程，还不如说它是一段随意的"绕口令"更合适些。中国的儒生们却对之没有发表任何的要求，如此草草的"推证"也就算可蒙混过关了。全然不顾忌后人将对他们不负责的不严谨的学术指摘。从孔儒所主张的"至诚"上讲去，显然孔儒并没有做到严谨逻辑上的至诚。所以，后代的孔儒们，并没有打算按照孔子推销的"隐恶而扬善"思路，来对孔子的错误言论，进行执其两端地做出"隐恶"，依旧还是编辑进书了。本来，在汉代他们也是有机会借着古籍"出土"的整理活动，去为孔子做一些隐恶工作的。也许只是，他们未曾看出？

龙树生前的具体逻辑成就，是依据于佛教因明学的推演形式"五支论式"，建立了大乘佛教规范的辩论—论证术——《迴诤论》与《论题的逐一破析》、《广破论》……成为一代逻辑宗师。从而更造就了后世的逻辑大师俩兄弟，无著大师和世亲大师。无著与世亲之后，佛教将古因明的五支论，发展成了新因明学说的三支论法③，从而得到了与现代逻辑三段论几近一样的格式。

所谓佛法"五支论式"的五支法式，是以"宗""因""喻""合""结"为五步推证规范，从而去完备实现归纳与演绎过程。在佛教还没有传到中国中原文人的时候，尚无有如此严谨逻辑规范的建树。

试观五支法的推证举例：

1 宗：此屋有猫。
2 因：地面有猫毛故。
3 喻：如某处，地有猫毛，也有猫。
4 合：今此屋地上有猫毛。
5 结：故此屋有猫。

五支法，通过了"喻"的前提预设，利用"因"与"合"的条件印证，来类推出"结"的性质，并以"宗"完成定论。

如此严谨成熟的形式逻辑论式，你很难在先秦的思想文献中见到。所以把孔子与龙树并列，讲他们的中道与中庸相同，又讲他们的中观与中节很相似，实是毫无知识的乱套。中国古来是有许多著名的辩士和说客，但大多是以情动人，以利诱人的投机文人，没有留下什么严谨的逻辑成就。即如鬼谷子、张良、苏秦之流，也不出孔子此种见风使舵口舌灵活下的机动，与逻辑严谨并无大的关系。

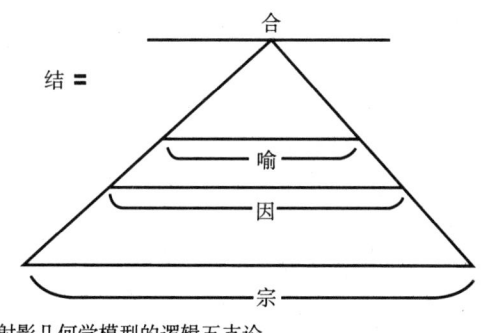

射影几何学模型的逻辑五支论

《中庸·第二十三章·1》**其次致曲。曲能友诚。诚则形。形则著。著则明。明则动。动则变。变则化。唯天下至诚为能化。**

《中庸·第二十四章·1》**至诚之道可以前知。国家将兴，必有祯祥；国家将亡，必有妖孽。见乎蓍龟，动乎四体。祸福将至，善必先知之；不善，必先知之。故至诚如神。**

（译文：然后要做到会曲，能曲才能表达友谊和诚意。有了诚意才会有形势，有形势才会显著，显著了才明瞭。明瞭了才能行动。行动了才会变动，变动了才能演化，只有天下的人都诚信了才是真的演化。<23—1>最诚恳的道是可以提早知晓的，国家要兴盛了，必然会有吉祥的征兆。国家要灭亡了，必然会出现妖孽。这些可从蓍卜和龟甲上看到，会有四体的变动。祸福要出现了，善的东西必然先知晓，不善的东西，也必然会先知晓，所以绝对诚信即如同神灵在场。<23—1>）

● 此段讲"诚"对国家的重要，孔子涉及了采用巫术，来察验人的"诚的程度"。

评曰：
　　人的本性是什么？本性这是个太宽泛的提法，依孔子在篇首所说的"天命之谓性"，显然是讲"服从命令就是你的本性"。所以孔儒要求人们把"服从命令方为本性"，做为对天"至诚"的主观认知，加以社会实践。这个至诚，在孔子的政治模型中，亦是对上不对下的，显然模型中的应至诚者，其实就是最下的"地"了，故没有更下可诚。是下对上诚，以成功万物的结构。所以，过去人们把政权官员称呼为"父母官"，就是意指你们百姓，只是他们君王（父）臣工（母）所产的"子女"，百姓对君臣朝廷的合作，只在有类似于孝敬而已。而"父母"之间，他们还讲究个如何的"配天"。

　　观<23—1>他这段的表述很有趣，给人印象是以一串跳跃式的比兴手法，就这么一跳一跳的，把人引进了"至诚——能化"的结论中。让人们想起了传统北京相声中的"（为什么蛤蟆它会叫）凡是嘴巴大的就会大声叫，（为什么簸箕它嘴大却不会叫）那是它不会水，凡是会水的就会大声叫……"如此皮相的论证，"曲能友诚—诚则形—形则著—著则明—明则动—动则变—变则化。唯天下至诚为能化"，这几乎是在玩弄逻辑字符列的游戏，在异化常态的逻辑规则，用很低级的手段欺骗学生。其实，稍有逻辑能力的人，都看得出《中庸》提供的那些证据，"至诚为能化"这个结论，其本身的诚信度，就没有达到至诚。

　　更有趣的是，孔儒把神秘主义的巫术，做为完备体现中庸精神的典型工具，加以描绘。说是某不可知神秘事件的出现，可以表示客观世界的变动征兆，故说这是"至诚"服从鬼神的缘故。其实，孔子所说的玄乎理论，是对古代"蓍龟占卜术"的复述，他把占卜术对占卜者的主观要求，转入到了对中庸的理解服从上来。故而孔儒实际上是再次承认他们的中庸，只是个主观唯心主义支配下的参政技能，本质与巫术并没什么两样。服从则灵——至诚，儒术称之为"政治巫术"也可。

有人误以为龙树的中道逻辑，与孔子中庸的逻辑态一样，这是根本不了解他们的缘故。我们试用龙树所用的五支法逻辑，对孔子此处的言论进行省视，便会发现孔子的荒谬。逻辑五支法是龙树用以推敲中道理论的因明学工具，如果孔子言论通得过五支法的因明论证，再说中道＝中庸也不迟，可惜，只得到了反向的结论。

以孔子"至诚如神"态度，我发现了他的荒诞，所以我以"至诚不一定如神"立题，用五支法的推演批驳之。

如题：

宗：至诚不一定如神。

因：知生死谓之神，如神，则会预知命，而达将亡的中止。

喻：孔门学生的颜回，他在孔子眼中已达至诚，但他不能如神般的预知病危，中止死亡。

合：我们能做到颜回一般的至诚，但在我们生命中，也同样不能预知命亡。

结：所以孔子讲的至诚如神，没有必然性。

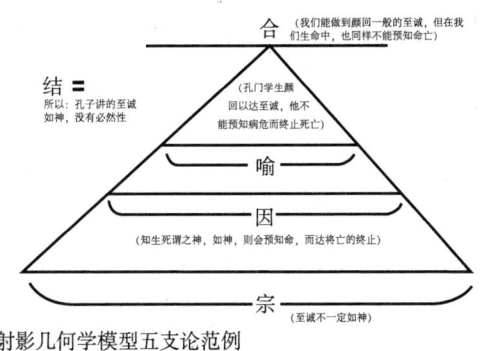

射影几何学模型五支论范例

"至诚之道可以前知……国家将亡，必有妖孽。见乎蓍龟，动乎四体……故至诚如神。"这句话，是讲官员对天子至诚，可等同于"神"，如同巫师或灵龟，对祸福能"必先知之"。所以，这个"至诚"是孔儒从巫师的技术上借来的东西，巫师请神上身时，就是讲这个"至诚"的。古人不知生孩子的科学，长期以为夫妇生孩子的合作，只是个"至诚"所致，是男女至诚的行动，招引来了孩子投胎的"神灵"。所以，孔儒举以蓍龟算卦、夫妇生孩的例子，来证明阴阳至诚在生活中的必要，从而证明国家必须走他设计的伪阴阳之道。其实，孔儒所举的例子，其所谓的"诚"并非是同一内涵的东西，所以照此求之也得不到"与天地参矣"的结果。其论证如下：

巫师的蓍龟占卦以巫手认真操作蓍草龟甲为"诚"。
男女生孩子是以生育条件下的认真合作为诚。
操作草木壳甲与生育孩子没有共性。

∴ 并无共通的"至诚"可以参与天地。

《中庸·第二十五章·1》诚者自成也，而道自道也。
《中庸·第二十五章·2》诚者，物之终始。不诚无物。是故君子诚之为贵。
《中庸·第二十五章·3》诚者，非自成己而已也。所以成物也。成己仁也。成物知也。性之德也，合外内之道也。故时措之宜也。

（译文：诚信是在自身成就，从而于道才拥有自己的道！＜25—1＞拿诚实做事物的始终，不诚实则没有实在的事物，所以做君子的诚实是最珍贵的。＜25—2＞诚信不是为了自己成就便中止了，其所以成就事物，是为了成就自己的仁义。知晓成就事物了，好品德才成本性。才会合乎外与内的道德。所以要时时的做到。＜25—3＞）

● 基于"诚"的巫术神秘力量，此处转讲"诚"所对应的社会关系，讲到了诚的功能。

评曰：

"合外内之道"，真实点出了"诚"之目的，不在于"自成己而已"，而是用"诚"做工具，要翻尽自己的内里，去与外部世界做沟通。说明白的，无非是说要用了主观强化的配合意志，向外部做出全面交代。"诚"并非是一元的绝对"善良"，它只是将人做"工具化"的一种模态，是把牛马对人的那种服从态度，转嫁到人的身上。其无非是让人放弃一些与牛马不同的行为特点，去学了牛马对人的绝对服从而已。这就是孔儒的"至诚"，他们不知在人与人利益冲突的社会里，对此方诚的同时，也许就是对彼方的不诚，不存在对帝王的诚就是对人民善的必然性。当然，孔子的政治模型中，人民只是臣工对帝王之诚所产生的"万物"而已，官员原也是不必去诚于人民的。

此处，儒家"合外内之道"之言，也极易与佛家讲"内道"、"外道"混淆。两家内涵的不同处如下：佛教把那些束缚人心的世俗思想，如儒家之类的道，称之"外道"。把主张人生解脱的佛陀思想，称为"内道"。此处儒之"外内之道"，在佛家眼中全是世俗的外道思想，所以它并不是人生解脱道，不能等同于佛陀思想。但是常人会因《中庸》中出现一句"合外内之道"，就想当然的以为儒家思想包含着佛陀思想，或佛陀思想包含了儒家思想。这种荒诞的理解，是犯了见文望义的毛病。

《中庸·第二十六章·1》故至诚无息。

《中庸·第二十六章·2》不息则久，久则徵。

《中庸·第二十六章·3》徵则悠远。悠远，则博厚。博厚，则高明。

《中庸·第二十六章·4》博厚，所以载物也。高明，所以覆物也。悠久，所以成物也。

《中庸·第二十六章·5》博厚，配地。高明，配天。悠久，无疆。

《中庸·第二十六章·6》如此者，不见而章，不动而变，无为而成。

《中庸·第二十六章·7》天地之道，可一言而尽也。其为物不贰，则其生物不测。

《中庸·第二十六章·8》天地之道，博也、厚也、高也、明也、悠也、久也。

（译文：所以确切诚实了才会没有停歇，<26—1>不停歇才是永久的，永久了才被追溯。<26—2>被追溯的才悠远，悠远了才博厚，博厚才最是明智。<26—3>博厚是用以承载事务的，高明，是用来覆灭事物的，悠久才可以成全事务。<26—4>博厚是地的配置，高明是天的配置，悠久才是疆域的无边界。<26—5>若这样了，才能不显示却得到了表达，不动作却得到了变化，无目的却能成功。<26—6>天地的道，可用一句话就描述了它，它造物若是没有了两端，则产生之物也得不到证实。<26—7>天地的道，是博大，是宽厚，是高大，是明白，是悠远，是久存。<26—8>）

● 这里一串逻辑态度极为散漫的赞赏辞，用词也不够准确精炼，无非是欲意千方百计地中止掉你对"天地之道"的怀疑心，所以专捡无法评估的"大词"来美言。

评曰：

过去真的有不少学人，以为龙树在《中论·观因缘品》中，开头有一个偈诗，讲到了"不生亦不灭"。就以为这个被称"诸说中第一"的内容，一定是指类于"天地、宇宙"的东西。于是便自然往孔儒"不息则久"，那个天地之道上去靠。而僧睿则指出："有言万物，从大自在天生，有言从韦纽天生，有言从和合生，有言从时生，有言从世性生，有言从变生，有言从自然生，有言从微尘生。有如是等谬故，堕于无因、邪因、断、常等邪见…龙树菩萨为是等故，造此中论"[④]。龙树以《中论》的立论，明确地是为了批驳类似于孔儒"万物是天地和合生"的无因论观点。以大乘法的"空"，论证到了"万物和合生"之类的"天地观"的荒谬。龙树以"因明学"的逻辑手段，阐释了天与地之类的两个概念术辞间的实质关系，应是"空"——空间的多种因缘存在，而非由某种特别术辞的东西所决定。并非如孔儒所认为的"其为物不贰，则其生物不测"。

应用思考（之十四）

祀祭天地鬼神，是儒的根本哲学依据。孔儒认为国家的一切，不论政治还是民风，都与"对天地鬼神的诚"有关，对鬼神之诚才是儒的"智慧"之源。有人认为孔子思想是"远鬼神的"，如果儒者有了这个看法，就是在反对孔子思想，因为孔子在这个《中庸》里，留有把敬天地鬼神做为国政根本的重要证据。这个证据很有意义，我们知道：国政的根本是在于利民护民，其执政根本即在为民。为民还是为鬼，体现了这个国政的科学与否、存在的必要与否、存在得了与否。孔子用巫术干政的用心不谓不阴险：由于儒家在周朝拥有着宗祠中的发言权，所以他们努力发展了自己的政治特权。比如孔子在《论语》中所主张的"国君坟前守三年孝期"，就是为了儒家要获得三年代君执政的特权，期间也涉及巫术通鬼神的把戏。儒家会时时把那死去老王的鬼魂唤出来继续"参政"，用鬼来控制新君王的行动。孔子所谓的儒家智慧，正是为了这个目的！一个小聪明而已。

刘师培曾指出，"众生芸芸而不知所自来往，因是便起天神、地祇、人鬼之思"，"舍祭祀以外无所谓事功，即舍鬼神以外，无所谓学问"[⑤]。但是刘师培还不知，上古之人并非只有"哲学的人鬼情"，也有以思维数理为原则的学问，这就是《易》。由于孔子乱注《周易》于系辞，所以人们多把孔注的那些文字，也当成了《周易》的正文。于是，与人鬼情无关系的原始易学思维原理，被孔子淆乱了。有人指出孔子宣扬的理想在中国的行态，与西方中世纪的政教合一产生的结果没什么两样。西方中世纪的学术专制，在中国古代就以"独尊儒术罢黜百家"的典型局面出现了。自从孔子以私学顶替官学来授课后，官学中的思维严肃性也被那些鬼神信仰的言辞所换掉了。玄学迷信成为二千年来中国人的坏习气，让后代学者误以为中国古文化除了在迷信神鬼中产生的古代社会学，就没有什么有价值的东西了。

人类文化从蒙昧到文明，只在一念间。而这一念之变，则用了万年、千年这样久远的时间。但有一点我们是知道的：人类社会蒙昧与文明的区别，"鬼神主政"正是它们的分水岭。不论东方还是西方、欧洲还是非洲，文明社会都会决然否定孔子之类所依据的政治理由——巫术。蒙昧的仁政巫术理由，与文明人政的区别，显然仁政是因私施政的野蛮状态，而人政则讲究因公施政的现代文明。

---

① 详见佛教大藏经《五灯会元·傅大士》。
② 可参考东方出版中心 2002 年 10 月版，沈剑英著《因明学研究》。
③ 详见《佛学大词典》"般若"词条。
④ 详见佛教大藏经《中论·序》。
⑤ 详见北京师范大学出版社 1997 年版，郑师渠著《晚清国粹派·文化思想研究》一书。

14. 加权配天

《中庸·第二十六章·9》今夫天斯昭昭之多，及其无穷也，日月星辰系焉，万物覆焉。今夫地一撮土之多，及其广厚载华岳而不重，振河海而不洩，万物载焉。今夫山一卷石之多，及其广大，草木生之，禽兽居之，宝藏兴焉。今夫水，一勺之多，及其不测，鼋、鼍、蛟、龙、鱼、鳖生焉，货财殖焉。

《中庸·第二十六章·10》诗云，"维天之命，于穆不已。"盖曰，天之所以为天也。"于乎不显，文王之德之纯。"盖曰，文王之所以为文也。纯亦不已。

（译文：如今上天的光芒照耀一切，它的所及是无穷的。日月星辰在里面，千万生物盖蔽着它们。今天以地上一撮泥土的份量做累加，使它上面承载大量的物质如同大山，也不算沉重。河海地震而水无泄漏，万物总是被地承载着。今以一座山的石块数量之多，它们如此所及广大，草木在它上面生长，禽兽生活在它上面，还有宝藏可发掘啊！今天看这水，一勺水积累起来，可达到不测之深。鼋、鼍、蛟、龙、鱼、鳖生活于其中，宝藏也是如此含藏的啊！<26—9>诗中说"维护天的命脉，在于子孙的继承与不停止"。无非是显示了：天何以叫做天。"如此的不显露，文王的德很纯朴。"无非是表明：文王之所以称为文，就是讲的一贯纯朴啊！<26—10>）

● 此上数句，在为"中庸"现实中无奈的弱况，找种种的理由。来证明这个无奈特点，它不是缺陷而是优势，却是天意指定的特点。

评曰：

虽然数句所言，皆描述天地万物的自然状况，但是其"维天之命"下的一番议论，则是违背了传统天地模型的理论。文王的德，是人的行为价值，天的命脉，则于天的规律。文王的德存在与否，与天地关系，是几乎可以忽略不计的。文王虽为万物之首，他也不能取代了天。而此处把天与文王归为一个范围里，则是混淆了文王天子亦是万物之一的概念范畴。子思引用了天的内容物，那些日月星辰之类，来论"万物覆焉"的条件；又用地的内容物，草木山石禽兽龙鱼以及矿藏，来论万物的含藏。大家注意到其内文句：子思也同孔子一样，把草木禽兽及龙鱼鳖，如同矿物一样的错归入了"地"。其实我们知道：生命并非是矿物，怎可纳入为"地"！显然是孔儒把传统的天地阴阳学说给搞误会了。

天地概念在上古时代，是万物之灵的人类和万物，所不可以及的两个象限。古代，古汉字的"物"是单指生灵的，与现代把"有形体"都称之为物是不同的。即使是周代，帝君也只能自称"天子"——天的儿子，只是个代理人，他也不敢讲自己就是天了。同理，谁还能讲自己是地？那是绝对没有这个道理的。其一，孔儒误把矿物，这个"万物"之外的东西，与生灵竟混成了一处，造成地矿也等同于生灵的概念错误；上古时代，万物单指生灵，由于此"物"字已归为了牛部边旁，并不涵盖矿物木石。其二，孔儒没有继承到来自尧舜时代的，那个真正的传统阴阳学说。他们用一知半解的阴阳学说，打乱了天地万物论的原本格局，制造了一个想服从尧舜阴阳学说，却实际又是个违背了尧舜原意的主观学术。

《中庸全·第二十七章·1》大哉圣人之道！

《中庸·第二十七章·2》洋洋乎，发育万物，峻极于天。

《中庸·第二十七章·3》优优大哉，礼仪三百威仪三千。

《中庸·第二十七章·4》待其人而後行。

《中庸·第二十七章·5》故曰："苟不至德，至道不凝焉。"

《中庸·第二十七章·6》故君子尊德性，而道问学，致广大，而尽精微，极高明，而道中庸。温故，而知新，敦厚以崇礼。

《中庸·第二十七章·7》是故居上不骄，为下不倍。国有道，其言足以兴；国无道，其默足以容。诗曰："既明且哲，以保其身。"其此之谓与？

（译文：伟大的圣人之道！＜27—1＞它洋洋地发育出了万物，功绩高达于天。＜27—2＞它优越而伟大，礼仪多达三百条，威仪达到三千则。＜27—3＞等待出现了圣人，而后才能实行。＜27—4＞所以说，"如果不能达到最高的品德，最高的道也不会显露。"＜27—5＞所以君子尊崇德性，而行道于求问和学习。致力于学问的广大，极尽学问的精髓。极尽手段的高明，而行于中庸之道。温习过去的所学，而知晓新的事件，性格敦厚地去崇尚礼仪。＜27—6＞所以处于上级不骄傲，处于下位而不背叛。国政有道义，讲出的言论要力求让它兴旺。国政无道义时，要宽容地默然不发言。诗中说"即明智又聪慧，可以保护自身"，不正总结了上面的话吗？＜27—7＞)

● 以上数句，用诗歌赞颂的口吻，对中庸之道的美妙意义，做再次的宣扬。

评曰：

龙树在《中论》里，以中道观念，批评了如同孔儒这样的，某种所谓"道"具有的神圣性。他指出大乘佛法是讲"空性"之法，是无为法，不拘于相。而我们再看孔儒的"圣人之道"，却是一种职业之道，它对人的行为要求，有着具体之"相"的主观倾向，目的只在所谓"崇礼"，欲图于"以保其身"。所以孔儒的"中庸"并不是龙树的"中道"，中庸的阶梯很低级，只是用来做为守着职位的格调技巧，既非普世道德，也非什么哲理学术。与龙树"中道"的哲学逻辑，其所涉及概念学的严肃辩证议论，距离之远完全不可相计以里数。"中庸"之术，仅仅是为了守职于儒的身段，是主观人为性格上的变异手法而已。

古代所讲的这个"圣"字，其实从字型上，也随着儒家思想的普及，有了很大的变化。从世传的古籍文本《古老子》、《古孝经》[①]上看，这个圣字都是仅以"口耳"为圣，没有现代字的下半部，这是春秋至战国时的情况。进入秦朝，李斯统一各国文字，创建了小篆体，这个时期的"圣"字，才加入了"壬"底。到了汉代的《郑固碑》，这个圣字下的"壬"又变为了"土"字底，乃至唐楷的写法，又再变为"王"底的圣字了。可见，孔子时代以"口耳"为圣，是原始的状况。它指明了只是教与学的那个对象，最近于周朝原有文字的本意。但是秦代就加进了"壬"，壬古文是"大"意，也是指天干的第九位数。汉代朝廷彻底信儒，故把"壬"发展成了下部为"土"，那是个与疆土有关的圣了。唐代基本上就顺延了这个汉代的习惯，把下部之"土"又写成了"王"，直接变为与"王权"有关的意思。所以单独看"圣"字的文字学发展史，可以看到一个清晰的儒家思想入驻人们大脑，并改变了文字理解习惯的人文轨迹。这个发展的轨迹进行得几乎让人不知不觉，它体现了古老的传统阴阳学说，渐渐的变为了孔子思想的君臣阴阳学说了。

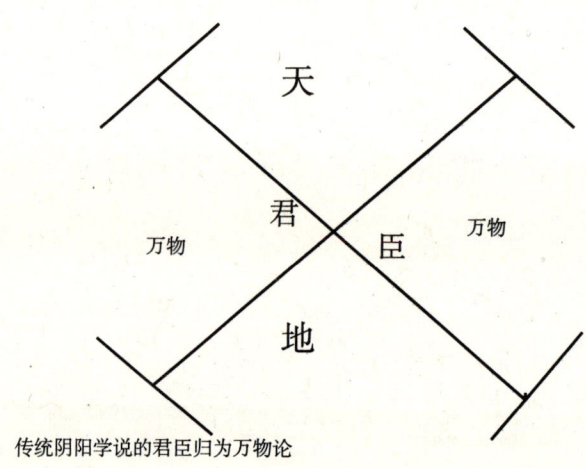

传统阴阳学说的君臣归为万物论

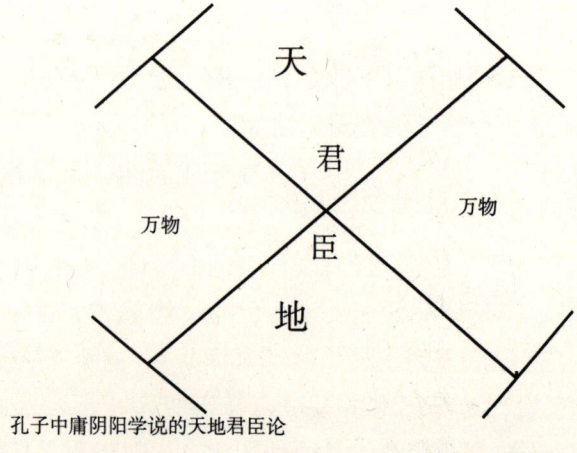

孔子中庸阴阳学说的天地君臣论

《中庸·第二十八章·1》子曰："愚而好自用，贱而好自专。生乎今之世，反古之道。如此者灾及其身者也。"

《中庸·第二十八章·2》非天子不议礼，不制度，不考文。

《中庸·第二十八章·3》今天下，车同轨，书同文，行同伦。

《中庸·第二十八章·4》虽有其位，苟无其德，不敢作礼乐焉。虽有其德，苟无其位，亦不敢作礼乐焉。

《中庸·第二十八章·5》子曰："吾说夏礼，杞不足徵也。吾学殷礼，有宋存焉。吾学周礼，今用之。吾从周。"

（译文：孔子说"愚蠢的人比较看重自己的作用，卑贱的人比较独断专行。生在如今的世上，反对古代的道，这样的人是自招灾祸于自身的人啊！"<28—1>不是天子，不得商议礼仪，不得制订规格，不得考试文辞。<28—2>如今的天下，车辆有同样的轨宽，书籍用同样的文字，行为有同样的伦理。<28—3>虽然坐在高位上，如果没有品德，不应斗胆作礼乐。虽然有高尚品德，若还没有坐到高位置时，也不应胆敢作礼乐啊！<28—4>孔子说"我说夏朝礼仪，在杞国已是不太好追究了，我学殷朝礼仪，还存在着宋国，我学周朝礼仪，今天尚都在使用，我跟从着周朝走。"<28—5>）

●孔子说：反对古代之道，是愚贱的行为，必将招引灾祸上身。他的孙子则为祖先的这句话，引伸为"苟无德不得作礼乐"的规矩，强调了只有天子才有资格，对古代进行议论礼仪和改编法度。不是天子，也不得对古代的道，进行考证与怀疑。子思随后再用孔子的另一句话，来说明孔子没有自己编造礼，他讲的礼仪都是来自周礼。

评曰：

孔子的孙子子思，口中借了古代的道——传统的天地阴阳学说，来衬托出孔子的中庸是可降灾于人的神道。子思在四处警告人们：除了天子，谁都不得去议论礼仪的是非，也不得制定出新的社会制度。不是天子，不能去考证文化的出处。子思如此警告的原因，可能来自于孔儒被鲁人所强烈批判的历史时期已过。在《中庸》成书之时的汉代，孔儒正被帝王重用，而子思才胆敢用这样的口吻说话，其实是狐假虎威的威胁。"不考文"是严禁后人去私自考证中庸礼乐的出处，似乎以回避君臣中庸理论的不实，和它那个显然与传统天地阴阳学说的严重矛盾处。

挺可笑，子思所提供的"今天下，车同轨，书同文……"社会条件，根本就不是孔子儒家的建树，也不是儒家努力下的结果。车同轨是法家时代的秦朝，其伟大的工程遗产。书同文，也是秦王朝以南面术的法家统一意志，消弥了春秋时代各地文字不一的混乱局面，以法家路线强力推行秦大篆的结果。所以车同轨书同文，并不能当成儒家推行儒术的功绩，用以来做保守礼乐制度的证明。那是反对保守礼乐的法家收获的功绩[②]。子思却利用人们对历史的生疏，逻辑上盗用证明。子思要表达什么？他是想借用政治对手法家的那些成就，来推行儒家的政治。可是，子思不知如此一来，反倒证明了儒家坚持周礼的错误。子思发表的逻辑出现了明显的混乱，可见平时他是个比祖先更没清晰头脑的人。示例如下：

政敌（法家）已致成车同轨、书同文、行同伦的佳绩。
政敌是通过敢改动礼乐完成的。
―――――――――
∴ 政敌法家改动周礼是完全正确的。

《中庸·第二十九章·1》王天下有三重焉，其寡过矣乎！
《中庸·第二十九章·2》上焉者虽善，无徵。无徵，不信。不信，民弗从。下焉者虽善，不尊。不尊，不信。不信，民弗从。
《中庸·第二十九章·3》故君子之道，本诸身，徵诸庶民。考诸三王而不缪，建诸天地而不悖。质诸鬼神而无疑。百世以俟圣人而不惑。
《中庸·第二十九章·4》质鬼神而无疑，知天也。百世以俟圣人而不惑，知人也。
《中庸·第二十九章·5》是故君子动而世为天下道，行而世为天下法，言而世为天下则。远之，则有望；近之，则不厌。
《中庸·第二十九章·6》诗曰："在彼无恶，在此无射；庶几夙夜，以永终誉。"君子未有不如此，而蚤有誉于天下者也。

（译文：君主行王于天下，要有三个重视的方面，才能少有过错。<29—1>在社会上层的人，虽然很善良，若没有取信于下层人，没有取得证信的人，就不能被人们信任，没有了人们的信任，民众就不会服从你。在社会下层的人，虽然是善人，若不尊重上层，不被信任，不被信任的人，民众也不会服从你。<29—2>所以君子之道，是从自身出发，来取信于庶民。去考证于三代君王已没有谬误了，建立规则与天地的自然没有悖离了，求证于各位鬼神没有疑虑了，百世等待圣人也不再动摇。<29—3>求证于鬼神没有了疑虑，是知天命。百世等待圣人信心不再动摇，是知人材。<29—4>所以君子每一个动作，于世间都是天下的道，每一行动于世间都是天下的法，每一言辞于世间皆拿其做为天下的规则。离人远处时，人们期望着他，来到近处时，人们不厌倦他。<29—5>诗中说"在那里不被厌恶，在这里也不被猜疑，不论多少日夜，都有良好的信誉"，君子没有不如此的，完全因为早有信誉于天下啊！<29—6>）

● 子思据其祖父的思想，认为君子之道，就是要以诚实的态度，对自己的治国之方，观察不违三代旧王的老路，做为不悖天地的证明；又用求助于鬼神的巫术，来考核政治上的疑虑之处，这就是百世君子能"圣"的所在了。最后，子思用《诗经》中的古句，总结了这个儒家理论。

评曰：
话虽这么说，但孔子伪托于三代圣帝的理论要求人们学习的中庸，自己却是没做到"不缪于三王"。人们学了它，怎么能做到"建诸天地而不悖"呢？另外，孔儒以"质鬼神而无疑，知天也"认知"天"，是从鬼神巫祝的角度来获得对天的把握，这也远离了朴素的传统天地观。其实，真正的传统阴阳学说，并无鬼神的地位。它的本体，只是一个用来推证天文地理和人事的数论模型而已。

从这句"质诸鬼神"上，我们看到孔儒在实施政治中，是主张以卦算"知天"来请鬼神做政见的。"知天"就是去听从代表了"天"的鬼神来发表意见，以做为政府行动的指南。从孔儒编辑的《易大传》上，我们还可以看到他们向鬼神"听意见"的技术，在托名孔子所著的注解"系辞"

中,有教大量如何用些蓍草棍儿,向鬼神求算预言的记录③。我很奇怪,我只知人类中有极少数人具有超常的思维能力,可以了知常人所不能预料的时空镜像,但那是超常的个体生命运行中的超常能力,是现今为止一切机器所不能复制的,它只是个异样的生理现象而已。况且与电阻电容及齿轮电机都无关,精密的机器都做不了这类事,这么一堆的草棍子,怎么可能复制出人类超凡之人的大脑机制呢?显然,孔子在"系辞"中,是迷坠于妄想用草棍制造大脑的荒诞里去了!他又如何在草棍中找到子乌虚有的鬼神预言,而得以"知天"呢?一个科学而严肃的政府里,不会留有什么鬼神的空间。

《中庸·第三十章·1》仲尼祖述尧舜,宪章文武。律天时,下袭水土。

《中庸·第三十章·2》辟如天地之无不持载,无不覆帱。辟如四时之错行,如日月之代明。

《中庸·第三十章·3》万物并育而不相害。道并行而不相悖。小德川流;大德敦化。此天地之所以为大也。

(译文:仲尼的教学承继自于尧舜,规范于文武,判断于天时,沿袭于水土。<30—1>如同天地之上一切都能承载,也无不覆盖。如同四时交替的运行,如同日月互换的照耀。<30—2>万物共存不相侵害,各道并行互不相背离。小的品德如水汇聚,大的品德则包容消融。这就是天地为什么大了。<30—3>)

● 这是子思对其祖父孔子政治思想的赞美词。浮华空洞的内容中,他讲到了天地、四时、日月、万物……一切描述都是找"大辞"来吹。当然这都是为了向人去推销儒家思想,用了些溢美之言搞些堆叠不足为奇。

评曰:

综上各句的分析,可以明确的知晓,孔子的教学并非是承继于尧舜的天干理论,也不是周朝官定的正统阴阳学说,而是私撰的伪阴阳学说,他们的目的,无非是妄心地要君臣去代替了天地,去占有天地而已。有关上句"仲尼祖述……辟如……万物不相……"之言,无非讲的是"孔子有载天之力,所以万物不相害"的结论。但是平心而论,这个因果并不是一定的,"宪章文武,律天时,下袭水土"就持载一切如同天地了么?我们可以分析如下:这三个章句,都是意指于"政治疏导"的功能,但是,中庸类似伪娘化的对臣要求,这真是疏导之务么?这是一种人性的黏滞啊!所以,中庸不会达到政治疏导的功能,反而让政局更因情而产生黏滞,如此道行相悖、物物相害,必然会出现,而不是如其所言的那样祥和。基于前述分析中,孔子理论上对传统阴阳学说的反逆,就已不存在"祖述尧舜"的可能,他对于干支历律的无知,也说明他并非真如此的"律天时",他还能"持载"个什么呢?

《中庸·第三十一章·1》唯天下至圣,为能聪、明、睿知,足以有临也;宽、裕、温、柔,足以有容也;发、强、刚、毅,足以有执也;齐、庄、中、正,足以有敬也;文、理、密、察,足以有别也。

(译文:唯有天下真正的圣人,才能聪慧、明辨、睿智,完全值得摹仿。宽宏、包容、温和、柔顺,完全值得容纳。发奋、坚强、刚健、毅然,完全值得把握。整齐、庄重、中立、正直,完全值得敬仰。文雅、理性、绵密、细致,完全值得特别看待。<31—1>)

● 也许当时的人们,认为这些标准完全是圣人应该做到的,孔子、子思也这么认为。殊不知,赞颂的词组,也可用来指责伪圣人的。只要有些做不到的地方,就足以否定掉其人的圣品。子思在推广其祖先思想中的逻辑败笔,是聪慧?是明辨还是睿智?孔子在鼓吹其改编得漏洞百出的阴阳理论时，他做到了庄重、中立、正直与理性绵密和细致么？

评曰：
原文如此的赞美辞，只见一堆的术语佳言，未能见有与中庸必然关系的论证，却急于推介人们去摹仿、容纳把握和敬仰，这是推销思想的广告牌辞，而非哲理的推演。

《中庸·第三十一章·2》溥博，渊泉，而时出之。
《中庸·第三十一章·3》溥博如天；渊泉如渊。见而民莫不敬；言而民莫不信；行而民莫不说。
《中庸·第三十一章·4》是以声名洋溢乎中国，施及蛮貊。舟车所至，人力所通，天之所覆，地之所载，日月所照，霜露所队：凡有血气者莫不尊亲。故曰："配天"。

（译文：高扬，深沉，有了此，才是圣人出现的时节到了。<31—2>高扬就如同天空，深沉就如同渊泉，示现给民众看了无不敬仰，讲给民众听了无不相信，行动会让民众皆感欣悦。<31—3>所以会声望名誉遍布于中原国度，影响远及边蛮部落。车船能到之处，人力通达之地，天下所覆盖的、地上所承载，日月所能照耀之地，霜露沾及之处，凡是有血气的生命，都会深感尊敬和亲切。所以说这是"配天"。<31—4>

● 配天，基于"夫妇"模型的前题条件下，当然就是模拟婚配的意思。孔子也许未必就这样的艳俗用辞。这一定是子思深入理解了祖父的伪阴阳思路后，所推出的具有标准定义的一个术词。

评曰：
用了一些自然现象上的动人景观，来模拟"圣人的出现"。古人不管这是不是过份夸张的描绘，总是喜欢用极尽情绪渲染的诗歌套路，来吹捧实现自我价值观的未来远景。

当然，这里有"配天"一词，尚具有些歌颂之外的实义，配天，讲中庸是为配合天的命令所做出的行动。讲的是宣扬中庸之目的。是为了让所有生命，对圣人深感尊敬和亲切。显然，孔儒把中庸的鼓吹者，视为了上及于天、下及于地的圣人，这种自己才做了人妇，便说别人都是"她"与其夫的子女，如此强拧逻辑，是不是也太过粗糙了。

《中庸·第三十二章·5》唯天下至诚，为能经纶天下之大经，立天下之大本，知天地之化育。夫焉有所倚？

《中庸·第三十二章·6》肫肫其仁！渊渊其渊！浩浩其天！

《中庸·第三十二章·7》苟不固聪明圣知，达天德者，其孰能知之？

（译文：只有天下真正诚实了，才能经营得了天下的大脉络，才能立下天下的根本。知晓了天与地的化育规律，还有要再依靠其它的么？＜32—5＞诚恳啊！这个仁。深切啊！这个渊。广大啊，这个天！＜32—6＞如果不是与生俱来的聪明和圣知，对于达到天一样品德的人，你哪能就知道了他呢？＜32—7＞）

●"配天"，是子思从祖父孔子的"天地位焉"上，开发出的新术语，他从"尊亲"提炼出了类似"婚配"的主题，所以"配天"是孔子"伪娘化"理论的再发展。

评曰：

配天，逻辑上是"无和"而求和的意图，所以配天是一个逻辑上"缺和"的求取要求。因为孔儒将常人的析取功能给没收了，只留给人们合取于天的可能。所以配天，是要求男臣应求于天，如同婚配一样地让扮天的君王，下来析取他，而他此刻是要"无和"求和而匹配成伪娘化。

孔子对于传统阴阳学说的理解，我们可以从孔子愿意遵从的周朝法典——阴阳学说的载体《周易》上，看出他对此学说的曲解程度。由于孔子在《周易》留下了"系辞"一书，虽然也同《中庸》一样是后代儒生所辑，但他的观点言辞还是留下来了。我们完全可以就从阴与阳两符号的"乾""坤"上，查验出孔子对应系辞上的逻辑错误，找到他主张的政治人格伪娘化的逻辑毛病。在现代流传的《周易》文本的正文下，分别还附有"易象传"、"文言"、"易象传"和"系辞"。"象传"和"文言"据考证可能是战国时代儒生所写,"象传"也为儒生所作,似早于"象传"。孔子著文的"系辞"出现,给我们研究孔子哲思下的数论水平,一个很好的平台条件。④

　　先看"乾"卦的"系辞","系辞"是孔子对周易正文的注解。从研究者的角度,我们知道孔子"系辞",是在"卦辞""爻辞"主文下,最早的一个注解。由于"乾"是阳卦,是阳中有阴,所以它的"爻辞"分别是讲"阴中之阳的变化"。乾的原意,我用现代语译来,就是"缺欠"的意思。为什么译为"缺欠"意?因为六条爻辞,分别皆是以"龙"这个阳性的动物,形容阳在阴中变化。从最初的"潜龙",到最后的"亢龙",是说"缺欠"的形态意识,都具有龙的阴中阳特点。又比如在缺欠少量资源时,我们最初的感受是自己如同"潜龙",虽然如同龙在深渊尚有足够资本运作的可能,但渊深而力量不足,这就是"潜龙"。一但缺欠的资源被补足了,这个"龙"就会身体太大,显得渊浅如同水坑一样,环境放不下它了。所以最后的缺欠被满足后,它这条龙一定会有为之悔过的时候!这时,我们就会在"缺欠"被满足后,为成了一条水坑里臃肿的"亢龙"而后悔不已。乾卦的爻意是十分确切的,是讲的"势能"在环境下的权衡把握。

　　再看孔子对其的注解,"系辞"中所出现的"子曰"就是孔子说。"子曰:龙,德而隐者也",可见,他把"潜龙"的比喻,转代为拥有"仁义道德"的隐士了。而《周易》原文的意思,并非与道德有关,它是周遍一切处的内涵,有没有德都会感受到自己类似"潜龙"的困境。"龙"是资源的比拟,原意并不是讲什么道德君子。这里,孔子不知爻中更有阴阳的道理,他把爻中的事件阴阳,错当成绝对的或阴或阳的人物了,所以把主命题的"缺欠"这一"事件"误当为君子这类"人物",拟事误以为拟人,混淆了议论原有的主题内涵。《周易》的所有卦与爻,也都只讲事件的定义与分析,从不去讲某个定性的人物身份。孔子把某事件发展的爻辞描述,错认成了理想人物的一个身份态度,从而将爻辞变化当成了固化的人格,这是一个很低级的错误,它违背了阴阳内在各有互涵的原理。故而,孔子在述及"亢龙有悔"原文时,注释中偏离了原意的"防范"意。他说"与时偕极",意即"时候到了"——从有悔的"防范论"

篡改成了"听天由命论",这是不是他的宿命观在背离了《周易》呢?我看是的。孔子犯的是概念死板化的毛病,他忘了"爻"根本不是概念表达,而是讲变化的逻辑态。《周易》只有"卦辞"是命题概念,"爻辞"是对命题的逻辑。从中可以看到,孔子一生的错,只在逻辑修养不够,一辈子总想做个什么的,成了理想概念下的可怜俘虏。

关于"配天",在《周易》里孔子没有留下对"坤"卦的"系辞"解释,但从他的学生们所做的注解中,我们还是可以看到孔儒对"坤"的内涵所进行的某种特色表达。在《文言》中说:"阴虽有美,含之以从王事,弗敢成也。地道也、妻道也、臣道也……"可见,坤被孔儒解读成了"地→妻→臣"的伪娘化是不必再加置疑的。这也证明了子思以"夫妇"做君臣关系的说法,是与其祖孔子一脉相承的。这不过是孔子及其后代拿了官方传统阴阳学说,用彭祖的民间房中术去理解的结果。

让我们看看"坤"卦的愿意吧:"坤,元亨。利牝马之贞。君子有攸往,先迷后得主。利西南得朋,东北丧朋。安贞,吉。"⑤你看到的内容只有"求取"的事件含意,而不是什么"妻臣"人物。所以孔儒还是错将事件命题,误当成了人物命题,命题概念范畴错误这样的粗浅毛病都出来了,还怎么能够正确理解《周易》呢?所以孔子六十岁时叹息自己没有早点去研究《周易》,言里话外也流露出了他此生的遗憾,没真切的把握住尧舜文武的阴阳学说核心理念。

《中庸·第三十三章·1》诗曰:"衣锦尚絅,"恶其文之著也。故君子之道,闇然而日章;小人之道,的然而日亡。君子之道,淡而不厌、简而文、温而理。知远之近,知风之自,知微之显。可与入德矣。

《中庸·第三十三章·2》诗云:"潜虽伏矣,亦孔之昭。"故君子内省不疚,无恶于志。君子之所不可及者,其唯人之所不见乎。

《中庸·第三十三章·3》诗云:"相在尔室,尚不愧于屋漏。"故君子不动而敬,不言而信。

《中庸·第三十三章·4》诗曰:"奏假无言,时靡有争。"是故君子不赏而民劝,不怒而民威于鈇钺。

《中庸·第三十三章·5》诗曰:"不显惟德,百辟其刑之。"是故君子笃恭而天下平。

《中庸·第三十三章·6》诗云:"予怀明德,不大声以色。"子曰:"声色之于以化民,末也。诗云:'德輶如毛。'"毛犹有伦。"上天之载,无声无臭。"至矣。

(译文:诗中说"穿锦服则喜好披上外衣",是不喜欢锦服的纹彩过于耀眼。所以君子之道,外表无光而如阳光一天比一天亮堂。小人之道,燃如烛光不待终日便既消亡,君子的道,淡泊不被厌恶,简约而文雅,温顺而知理。知道远与近,知道风从哪来。知隐微与显露。如此才可教以提高品德之法。<33—1>诗中说"潜藏的虽然深邃,它的光芒也极大。"所以做为君子要反省自己内心的不能愧疚。在志趣上消除恶习,他人不可及的君子超人能力,难道真是人们看不见么?诗中说"丞相住的室内,况且也不愧于屋顶的漏雨",所以君子不行动也能得到敬意,不用言论却得到信任。<33—3>"诗中说:"进奉诚心,感通神灵。肃穆无言,没有争执。"所以,君子不用赏赐,老百姓也会互相对勉;不用发怒,老百姓也会很畏惧。<33—4>诗中说,"弘扬那德行啊,诸侯们都来效法。"所以,君子笃实恭敬就能使天下太平。<33—5>诗中说:"我怀有光明的品德,不用厉声厉色。"孔子说:"用厉声厉色去教育老百姓,是最拙劣的行为。"<33—6>诗中说:"德行轻如毫毛",轻如毫毛还是有物可比拟。"上天所承载的,既没有声音也没有气味。"这才是最高的啊!)

● 以上,子思用其祖父编辑的《诗经》,摘出的片纸只字,来为"中庸"作赞颂。

评曰:

孔儒在哲理上的引述诗歌,其特点与佛经上的表达不同。佛学的特征同龙树习惯在论文中表达的方式,都是以正文罗列论证全程后,再加以简约的短句式梳理。一般是用五言句的偈子,将论证过程中的重要节点,做出五段式的论证,以求得到有基本逻辑和概念的表达,以方便记忆和质疑。而再观孔儒的引用《诗经》句,则多是用来做些大词赞美的事,都是跳跃且文学化的东西,绝少有哲学上逻辑的价值。这让我们感到,还没有被孔儒的说服工作慑服之时,他就滑稽地认为我们与他们是一伙的了,竟然唱起了赞美词。

再观诗的内容,几乎都是讲他们现实中其自身灰暗的成色,以及对拍掉这些粘上身之灰暗的信心。结尾,又用"丞相的房子也有漏雨的时候"来调侃自己行为的荒谬。他用诗句说出:自己只用行动去证实着君子的行为,要让大家信任自己是不必言语的,他并不想对人做继续的辩白。辩白啊!辩白——可见,直到汉代此书编辑之时,孔儒还是得不到人们广泛的认同。

其实,"辩白"是一种合法说服的工具,不能辩白的东西,就是自认为"黑"!所以"辩白"是用公理公式来论证归纳和分析,是人类的"讲理"。不讲理的人,便没有用公理论证自己行动的习惯。所以,真正讲理的哲学,不怕自我辩白,并用辩白来勇于发现自我错误。佛教就具有这种精神,龙树大师不但以逻辑论证做为内明修行,而且为大乘佛教的教学体系,建立起了专业的辩论术规范,为大乘佛教的辩证主义发展贡献出了智慧。由于我们对佛教哲学的生疏,现在对五支论、三支论和龙树的三谛论,已存在科学理解的困难。故而用新的数学论证工具去统一认知它们,是有必要的。现在我们对佛教逻辑学中出现的不同格式,用射影几何学平行线比较图如下:

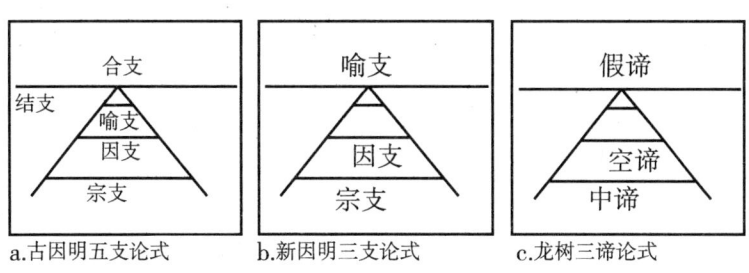

a.古因明五支论式　　b.新因明三支论式　　c.龙树三谛论式

龙树三谛法,其转译为现代逻辑三段论式,如下:

中谛

假谛

―――

∴空谛

转用蕴涵式表达：中谛∧假谛←→空谛

与古因明不同之处除了术语区别，龙树的三谛论只准许用于佛典内的逻辑归纳与演绎，而不用于论敌间的是非辩论。所以，人们说龙树是著名的辩论大师，我看首先他是一位逻辑大师。关于后人依据龙树的学术传承，发展出的三支论式，只不过是在研究了龙树发明的三谛论过程后，并从其过程中，提炼出五支论与三谛论的中间部分，结合五支论的原术语中所对应的三个，即"宗—因—喻—合—结"中的"宗—因—喻"做新术语，又以三谛论的逻辑为其表达格式，从而得到了一个可超出龙树规定范围的辩论逻辑术，这就是新因明三支论式。

以二种不同支系的关联内容，得到另一支的宗结，是逻辑结构数理化发展的基础。由于其三支所表达的层面不同，三支虽是内容有区别的，但又在数理运算上有着等值的意义。如此一来，哲学归纳论证的工作就同数学一样的精确，从而减化了哲学术语的天然文学模糊性。龙树菩萨由传统五支论式发展出的三谛论，以及佛门后代依之演绎的三支论式，都是人类思维进入高级的形式逻辑前驱。他们的思维禅定努力，为现代人们提供了一个内容有三种形式的逻辑形态，成为形式逻辑的一个佛教逻辑系列范本。这无异有利于现代科学对古今中外的形式逻辑进行比较研讨。

我在佛教唯识学的基础上，曾开发过一个新型的逻辑工具，它的原型来自于我对素质数本质机理的研究，这就是我上面多次用来阐明五支论、三谛论和三支论等的数学工具——射影几何学焦点原理下的平行线表达式。这个工具特别之处，是将可量化的任意元素加以视觉的同质化比较，构成一个文学符号或数学符号共通的基本逻辑态，是一个基底性质的原始逻辑公式。这个原始逻辑态，在数学里能用于对素质数内部的公理性证明；同时，在文学符号的哲学里，又可用于因果逻辑的归纳论证。

由于射影几何的视觉直观性，它的焦点原理当是人人认可的公理。如下图，就连啄食的鸟类也会天然运用此数论原理去啄获食物。所以用它证明抽象形式逻辑的公理性，是不会被轻视否定的。我认为将它搬到这儿，让它直接为我们涉及哲学逻辑形式的理解服务，是再好不过的了。

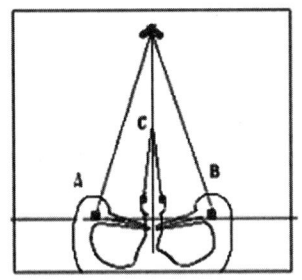

龙树大师正是由于在佛教大乘理论的整理中，发现了古因明"五支论式"的唯识学特点，具备类似现代三段论的可简化推证特征。从而提出了佛法的"三谛论式"。这个成果后来为发展出哲学辩论"三支论式"的逻辑格式，提供了最初的逻辑模型。三谛或三支论式，我发现都具有焦点论式可加以陈述的逻辑特点。

不但如此，我们再转过来看商周共用的天干地支历法的数模，内含十进制（天干）和二进制（地支）的数理内容。所以我认为商周时代的历律数论工具，是具有完备数论逻辑的。孔子则走了反向，他建模理论是偏见的。二进制析取是重点放在"是非"议论的层面，运用它会在介入现实中产生是非性的议论。所以运用片面析取式的末那识，会造成常态行为上的与人为敌。孔子一生的不得志，就是源于思维模式上的末那识片面追求，你看孔子的"君子——小人"哲学态度，构成了他对世界观的全部基础。他不承认人在数上去论素质，其实基于公理性的二进制运行十进制，"君子 = 小人"必是成立的，孔子错误认为君子与小人两者是永不等式的优劣。

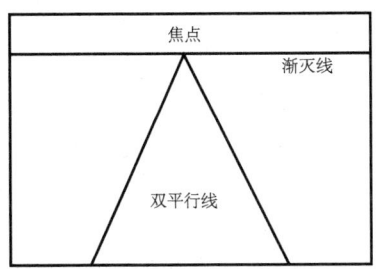

由于射影几何学焦点原理的平行线如图所示是成立的，所以一切在不

违此基础上建立的更复杂的平行线几何图，都可以因之成立。这是一个定性于归纳和演绎的公式，具有命题的公理性特征。因而五支论式等公式，可以代入至它而成立。

在哲学里，合取式的前六识（眼耳鼻舌身意）是客观化意识倾向的数论观，而析取式末那识则是偏于主观意志的体现。只有客观主观达到相统一，才是完整而科学的表达。所以我批评孔子的中庸是立足于主观意志的学术，它与现实规律爆发的冲突，实是客观环境下主观意志的逻辑矛盾。孔子执中庸而周游列国的悲剧命运，正是违背真理有悖于主客观统一的必然结果，也是他借尧舜文武而实反尧舜文武的结果。

孔子的理论框架中，是以无和而求和式的，所以它在数理上是无和或非和式的观念，用哲学讲，它的问题就很严重了！如此框架的世界观，是立足于否定现实中"和"的客观性，是偏激的反现实意识体现。由于我们在射影几何的平行线焦点原理下的素质数研究中，可以看到"和"于其内的必然具在，必然具在的不可否定特征，决定了"非和下的求和请求"，是违背了数的素质条件的，落于命题的悖论。因为"和"的条件没有空间，便无和的可能；只有和已具在的空间里，才有非和议论的存在。而孔子的"天命"逻辑中，它是定性为"赋性求和"，所以孔子的世界观将是永远反现实的，是认为现实缺的必是"和"，而他的理论是被天赋定性为要去"补上所缺"，所以他不承认世界的全数都是已然"和"中的存在，他不知道"不和"是片刻都没法生存于世界的，所以指责"不和"的眼光正是一种不和。在素质上去"求和"的类此心数，是很荒谬的主观心理。孔子的"无和求和"，于素质数焦点原理上也不能成立。"和"于世界必然性的具在，是我们生命观察运用客观世界的基础认知条件，这个世界于人类，"不和"也是另兴起和的和式，它叫"析"。所以理性中的客观现象，和是根本不用求的。求和而和不在，因为现象界的和或析变化，都是必然的客观。指责于客观世界的和析变迁，只是个人主观价值上的唯心行为而已。因为数理逻辑告诉我们，当用一个真值的 p，来合取一个假值的 q，它所得到的必只能是一个假值形式。

由于龙树的智慧是来自佛陀的理性传承，所以龙树的"三谛论"与佛教基本律的"佛法僧三宝论"，乃具逻辑上的共通模式，它们在佛教理论中互为支持。用射影几何焦点表达，如下：

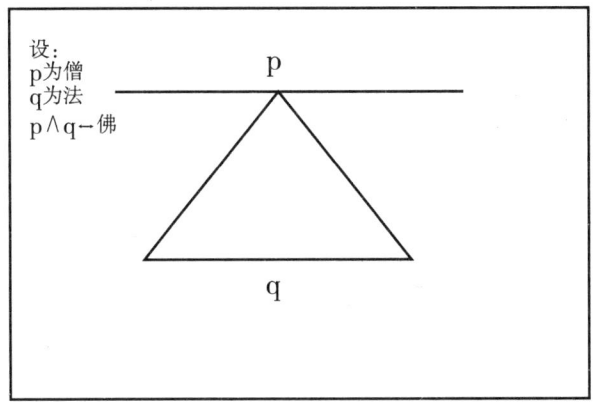

有人认为孔子以"血亲政权"的孝道主张，来做为国家"和"的基础，难道这不是孔子和的空间已然具在么？可是，他忘了国家的基础并不是什么血亲条件，其血亲执政的家族，在国家里只是众家族中的一个而已。所以国家原则上是生活在这块土地上的，各民族各家族的公民共同空间，而不能分化成"血亲民族"的"和"下，转去统治非血亲民族。孝道与人道之间，有个范畴议论。儒生们常骂人说：孝道都没有还有人道吗！其儒生不知，人道是孝道的第一前提，它涉及相互公平与生灵共处的宗旨，包括社会关系、家庭关系、人与动物的关系。孝道只是家庭关系的一种，所以人道的范畴大于孝道。没有人道而徒具的孝道，是一种变化的"兽道"，兽道中有返哺现象。如果我们在人道范畴环境中，只强调着孝道的首要地位。那么，为了照顾个人家庭关系的利益，什么社会关系的公平、人与动物的慈善共处，就成了末位可弃的东西了。官僚在政权中显出的贪婪腐败，就是犯了"人道"与"孝道"之间掉换范畴内涵的错误。孔子就是这样因为思想上尽显了贪腐发展的必然，而为春秋列国诸侯王们所拒之门外的。聪明点的人都知道：国家治理，是决不能以血亲来分贵贱与先后的。

应用思考（之十五）

孔子用末那识对前六识，做主观判断的时候，他是不知前六识是分成直觉认知和记忆两部分的，末那识只不过是主观抽象化的判断而已。所以，末那识层面是"形而上"的东西，它只是一个抽象的模型而已，如果执拗的以末那识为真理，必会坠为行为唯心和主观，它并不能继续指导前六识，以达到真理的目的。

执意于末那识中形而上生活的人，会很注重个人私利的达成，是处处主观于谋取自私的一类人。基于末那识是专用于意识分别功能的，所以习惯乱用末那识的人，在社会各阶层中会表达为不同的行为。低阶百姓常会是愚昧的固板者，不喜爱思考和变化。当高阶官员成为乱用末那识的人时，他会是一位家长制的独裁者，私利的去找各种不成理由的"理由"，为私我的利益四处胡闹。比如深爱欺压百姓贪污公财的那种刺激性，常借偷换逻辑内涵与范畴来对外无理取闹。因为末那识在社会学下的官民类比中，其心理上也一样具有末那识化的自我定位。他们会各寻其位而固执己态地发展下去，以此百姓更愚钝、官僚更奸诈。

用佛学观察人类社会学行为，可以制止人类有文化以来产生的那些错误性引导。比如对孝道的政治化主张，可发现其严重的末那识倾向，这个倾向将人道与兽道做了混同，孝道的"返哺"是人兽共在的动物化行为，拔高这种动物化行为当然并不是社会学的提升，而是个反公共政治的坠落。

错乱于末那识来生活的人，其实并不以客观判断做第一观察，却是常以不判断于客观——"不做判断"来行动的。所以一旦有人对他提议要进行一下客观判断时，他会跳过判断逻辑，而专拿出演绎逻辑来反驳你，其实他又在玩弄偷换内外逻辑的把戏了。现在有人专门提出了"孝道是人道基础"这样的论据，来为孝道争取政治化实施的权利。这个似乎你很难反驳，因为他们提出一个"进阶式"的论证格式，显然他们是捉住了反驳者的心态——常规你会用"A是B的基础吗？"来反驳，于是便落入了"进阶式"设计者的圈套。我们知道，在一事件的判断逻辑还没有完成之时，演绎逻辑是没有意义的，判断是外逻辑，演绎是内逻辑，内逻辑得有外逻辑的先决条件来支持。"进阶式论证"圈套就是回避客观判断而去讲内逻辑，这无疑就是无理的叫你放弃了质的判断，只准用"认可"来讲量化啦！我们却常常会浑然不觉。

进阶式诡辩它是末那识上的盲目，它还造成了莫比乌斯拓扑环悖论。对于这类错误于末那识进行的破解，可以从全逻辑具有内外双重条件来辨别。比如莫比乌斯拓扑环是一种内外无理混淆的悖论格式，它严重违背了全逻辑的素质数原理。如果我们掌握了素质数原理下的全逻辑内外条件，就可以了解一切言论命题的真值与否，所以佛教里所讲的末那识是十分有意义。末那识是龙树建立的大乘佛教中的唯识学原理之一，这个末那识层面的提出，给了我们一个认识类似莫比乌斯悖论中的逻辑学形态结构的十分简捷的认识论方案。

末那识即是执行现代数理逻辑中的命题逻辑，命题逻辑以"连结词"为逻辑的议论，"连结"意味着因果性的关联关系，因果关系是逻辑的根本关系。所以，对末那识的真切把握，是大乘佛法唯识学的重点，它是龙树思想下发展出的形式逻辑概念。由于其在现代数理逻辑中的重要性，在数学原理上内涵着素质数的结构，即世亲大师在《唯识三十颂》中所指的"依彼转缘彼"，或谓之数理的"1与1之和"原理。

佛教的"圣"有别于儒家的圣处，在于思维行为是不是达到不昧因果。即佛教以每个行为的命题俱满足了真值意义，才可以称为圣。观孔子在《中庸》里的"孔丘悖因"叠现，显然儒家思想并不具备真值于因果的逻辑条件。

类似《中庸》在本部分中的借古帝而言圣，只不过是玩弄了一个概念偷换的把戏。古帝王如何的圣明，与孔儒的思想优越与否究竟有多大关系？并不能因为孔儒的敬古帝而得到什么有效的证明。这如同我说"盐可食用"，你并不能说我就是对了。因为这句话并不是必然因果的，它的内在逻辑没有表述。所以与"古帝圣明"一样，"盐都可食用"还有"情予"的成份，它没有表达出应有的科学逻辑性。我们无法证知盐可食用，因为有许多盐的确是不可食的，比如硝盐、镁盐等。从这个话题上我们可以引发出一个观念：某人用别人的功绩来证明自己的正确时，他反复以别人的如何伟大来表达自己的敬佩之情，也是根本不能证明他走了别人一样的伟大之路，敬佩之"情"并不是事物直接的因果关系。因为命题逻辑的因果连结关系，没有给人以"情予"的空间。合取、析取等连结词都是实在的。只有认为悖论反常的有意义时，才具"情"的运用空间，"情予"意味着有唯心主观态度。

佛讲的圣行是要"广度有情"——度量那些"情"所在的非理性之处，并加以积极主动的消除，这样才能解脱人生烦恼。在"孔丘悖因"中打转的儒家们，不但自身不去清除自己的"情予"之病，反而拿来"孔丘悖因"讲学哄别人，再去教人称它为"圣"，可谓颠倒至极了。

---

①详见春明书店1948年版《正草隶篆四体字典》。
②详见《史记·秦始皇传》。
③详见齐鲁书社1987年2月版，高亨《周易大传今注》。
④同上。
⑤详见《周易·坤卦》。

四、总　结

　　折中一词，在中文里本具有一体折二，而获两端平均的意思。在逻辑上是 c—q＝p，p＝q 的内涵，所以它是个 c 事件下 p 与 q 的两折命题，用现在政治手段的话说是"搞平衡"。孔子中庸里的"中"就是个 c 事件下的两折命题，是"搞平衡"的政治技术。所以孔子以为天子在 c 事件上，是不应端起是非前提的判断，而是"隐恶扬善"的一碗水端平，隐匿了恶端去只讲善端，不论善恶统统包庇。这就是家长制的专制管理，孔子以之视为"君为父"的命题前设。对内，把所有恶善行为都当做血缘孩子的调皮与乖巧，既要护乖孩子，亲情下也决不能让某个调皮孩子吃亏。所以孔子理解的"中"，是讲"情"远重于讲"法"的。在 c 事件内，法制成了被亲情任意模糊的东西，一切发展只图"以情治人"，只要收获两端不再出声即可。当然，调皮的不再出声是因为占得了便宜，而乖巧的不出声是因为怕更为吃亏。所以"情治"是专用以显现白色恐怖的手段来治政的，它不如"法治"来得对民众公平和善。其实，情治手段并不是负责任的解决事件之道，因为事件的发生，"公"必须有其公理是非的判断能力，不讲公理是非的情治，是以亲情判断价值的徇私与徇情取代了公理，徇私情是政体腐败的根本之因。如何制止徇私情的情治？法制是比较公平的方式，它体现了"公"——公平讲理的介入机制，所以情治是管理效果并不那么好的手段，最后常常只能以监控、抓人、关人、收受贿赂等行为达到 c 事件的无声。所以讲情治乃是政体已腐败的迹象。由于要想对现实世界做全数的把握，必须先有是非的二进制判断做前提，全数把握现实才能真正的实现，这是"数"的本质所决定的。

孔子不是也对《周易》二进制疯狂的膜拜么？二取一乃是末那识的基本判断机制。而搞"平衡"政术，是违背了"数"本质的加减增益，是在十进制中主观乱做二进制判断，是持权者没有理性数学能力的胡闹，也是不讲公理的腐化行为。上面的分析，是依据龙树大师的佛教逻辑内涵，并加以现代数理议论的结果，它证明了孔子所发明中庸的那个依据——君子中道，只是一很不科学的主观管理理念，家长式专制根本不可能给文明社会带来昌盛，只能带给百姓们制造出腐败政局下的白色恐怖。我认为尧舜时代或商周之际的朝政理论，也并不是孔子所谓的"中"和"中庸"，而是以"是非判断"为第一基础的"法制"来治政理国的。我们从周朝的建国者文王身上，看到的是他把"是非判断"做为《周易》法典的前提要素，而支持十进制的思维深化，《周易》乃以"乾坤"的方式定下了周朝法典的根本基调。

孔子以"复辟周朝"为响亮的参政口号，实质上却做的是反周朝法典的行动。这让我们想起孔子在鲁国杀少正卯，和毁灭鲁国三座新城市的恶行。短短一年执政的孔子，对鲁国学者和百姓做出如此的不义，他也是以"为了鲁国"做口号的，可是他的恶政却让鲁国的强国之心落于无望，终因内战而弱不禁风，最后被邻国所灭！孔子真是为了鲁国的亲族么？不是的，据我所知：孔子在鲁国的亲戚极少，少年时孔子的一家来自宋国的邹地，他在鲁国也根本无亲无祖，所以他对外，秉持着"情治"理念的中庸之道，兴风作浪作乱于收容其家的鲁国，完全是因环境的无亲而"无情"的结果。这样一个对收留了自己一家的国家如此寡恩的人，他会对鲁人做出了百日恶政的事情，我们是完全可以想见的。即以其百日里杀掉学术对手，和毁灭两个新兴城池的恐怖主义推进速度，可能在任何中外名人的政治史上，都可算是极少见的恶劣。

逻辑能力的健全与否，是人类关于心理健康的重要标准之一，孔子逻辑能力上的无能和数理上的不讲公理，看来不能仅用古人能力弱来解释的。周文王《周易》为什么又能逻辑不违科学客观？孔子的政治冷血必是来自于少小的亲情扭曲，是孔子的心理问题造成了"唯亲为孝"的政治态度，早年亡父破产的他，似已不承认公理大于亲情的人类社交公平规范。

由于二进制数理观念具有思维普适性，这几乎就是健全生灵的生存本能，所以人类很早就意识到概念符号的运算不能弃置二进制的主动判断，并创建了阴阳学说。孔子这个以"天"为神权赋予的有神论者，乃是放弃了自己的主动判断，他们早习惯于把自己的判断权推让给"天"或鬼神。故而，他在哲学的错误，也让他个人的数理能力变得缺失起来。人类没有公理判断的一切行动，必会造成主观唯心的顽固。孔子周游列国一辈子的顽固表现，当然是源于他思维时数理能力的缺乏。

　　要说孔子是博爱人类，这就错看孔子了。孔子身为从宋国邹地逃亡的破落贵族子弟，有幸得到好客的鲁国收容，本应知恩图报长大为鲁国做出一点贡献。但孔子没有如此的良心，他反倒拿鲁国做自己的政治实验田，发起鲁国内战，屠杀鲁国学者，折腾鲁国官民，把个鲁国搞得财穷路绝人才亡命，三百天的持政竟致祸害如此，可以说在古今中外的文化名人中，是绝无仅有的[①]。所以，人的思维行为一但出现了违背数理的根本原则，这就离现实做错事已不太远了。一只因生瘟病而视觉已不具有健全数理观察能力的母鸡，它对地上的每一次啄食必会扑空，因为母鸡已成可怜的疯鸡了。在周游列国而求官每每扑空上，我们可怜的孔子大致也是如此的。

　　如果孔子还能从周朝的末年活转回来，我们一定要代其父母，为孔子去重新设计一个完美的人生。要让他幼年里双亲具存地沐浴到亲情，得以心理健康而阳光，永不让他长大了因教学竞争，而眼红杀了同行学者；也不会在鲁国因眼红他人富裕，而发动毁城两座的内战；要让他不固执于主观的政治我见，虚心地向有着数百年正统官学传承的诸侯王们，学会正确的阴阳学说。要让他真正学到那他曾吹嘘所拥有的尧舜文武之道，放下荒诞的彭祖哲学信仰。总之，总之，不要再把自己视为在鲁国没有什么远亲的"邹人"，被鲁国收容了就当学会知恩图报。

　　"无和"心理状态里成长起来的少年孔子，思维必会产生数理上的行为缺陷。把玩什么彭老的房中术也是根本不能长生久视的，更不能够让已腐败的政治插上复辟的翅膀。彭老的房中阴阳术并非《周易》的官方阴阳学说，它只是周朝文化一个旁门的民间伪学。所以有现代学者主张，把汉代以前的纯粹《周易》，从儒生夹杂进了"系辞""文言"等等儒书中剥离出来，应该还原它的古代自然科学色彩。

中国古代是个产生各种悖论的时代，古人对使用悖论的研究，却与哲学的发展并不同步。公孙龙子的"白马非马"[2]先不必说，庄周的"梦蝶"[3]就是在玩弄悖论，这著名悖论用西方现代研究来看，其实就是一个"双重梦悖论"而已，只不过中国古人的提出，早了几千年。当然，中国古人并没有在使用悖论中，对悖论格式做到归纳总结，没有完成对这类"玄"的数理破解。关于悖论在西方的研究，大多也是立足于"与现实相矛盾"的因果上，是属于哲思上的观察，还没有做到归于数学的基本构造理论上。我认为，悖论的反逻辑性，是建立在违背了数学基本原理上的构造格式。数的质因中，具有天然二进制与十进制的内因。正是人们在某个句式中反常的表达，制造了二进制与十进制的数学冲突，才产生句式推证结果与现实世界的矛盾。所以一切悖论的荒谬，是人类形式逻辑思维的使用禁地，凡以悖论做为运行的思索，必被判为非法的病态思路。

在先秦时代，人们对于悖论的称呼，叫做"佞"。对于常以使用悖论来与人互动的人，被称为"佞人"。在孔子时代佞人是被人所嫌恶的，因为他们常利用各种悖论来糊弄他人，强词夺理获取个人利益。我们看到先秦时代使用悖论强词夺理的现象，生活中十分的普遍，但却无以见到对悖论形式的研究专著。也许，在汉代以后的隐士阶层中，"谈玄"的普遍风气里，虽也或有对以往各种悖论的研讨，但在只落在口头交流上的无谓，于著说上并没能留下什么真正有学术意义的东西。从上至下，各种悖论佞意下的先声夺人，一直恶梦般缠绕了中国人数千年！

既然真理不会是悖论的，那么使用悖论行为一定是反真理的。一个实体组织，不论它是家庭还是国家，都必须讲内部团结，以实现一致对外的相对行动。它这个数理关系，就是建立在对内十进制的团结互动，并对外做二进制的判断。可是孔儒思想则反之，它主张常用二进制对内部进行判断式的社会运动，对外却做着十进制的"团结"行为，结果造成了对自己组织的背叛，出卖了良心。良心一词是中国人用来对心理科学性的判断词，背叛是没良心的一种，因为心理的数理关系中二进制十进制被用颠倒了，孔子执政一年里对内屠城和杀学者的血腥行为，心理上拥有不健康的因素。我们在他的数理思维结构上，可以见到其狂妄行动背后的成因，他的中庸思想是分析这种病态思维的一个最佳标本。

四、总结

孔子这个人是一个复杂的矛盾体,他在深层的思想逻辑上是趋向叛逆于组织的,但在概念符号上却从不支持叛逆于组织,这是个十分有趣的事。既然逻辑与概念相互背离集于一身,那么通观孔子言行上的矛盾性——说的仁义道德很好听,实际的行动上却做了不少恶事丑事。因为行动是以逻辑性来实现它的目标,而言词则通常以概念传输为直接方式,既然孔子思想深层的逻辑与外表的言词概念严重常态地背离,当然此人是会言行不一的。逻辑与概念的冲突,于人的心理健全来说,是一种心病。有严重自我言行冲突的人,要么是疯子,要么是呆子,总之已不同于健康的人。所以,我们可以在《论语》中,看到孔子分别想到三个不同的土匪队伍里去当官的故事,若不是弟子的数次阻拦,也许我们现在看到的不会是做都宰的孔大人了,而是匪徒孔丘!孔子表现出的行为无逻辑性,来自于他思想深层的混乱。虽然孔子用一堆极好看的符号(仁义、道德)来修饰自己,但符号修饰终究不能改变逻辑下的原有属性。

孔子以主张发展组织内部的冲击运动,来求得与外部的结盟;而一但结盟成功后,又开始了新一轮的内部冲击运动,将新加入的同盟者也套进了冲击中。孔子当政时期与齐国的结盟就是如此,他在盟友有难时却背叛了盟誓,结果造成了几乎亡国的命运(齐国最后还是吞并了鲁国)。孔子思想在美艳的概念之花下包藏的是一泡反逻辑的毒汁,它误人又误国。孔子不但被鲁国人所厌恶(孔子死后,几乎被已亡国的鲁人们挖出鞭尸),就是当他带着弟子们经过自己祖籍地——宋国时,祖国的官民也一样的很讨厌他。宋国武将桓雎就公开扬言,要在境内将这血浓于水的老乡孔子除掉,并带兵把孔子集会的大树砍倒了以示严重的警告,着实把孔子一班人给吓得不轻。孔子被这么多的人厌恶绝非偶然,无非是他的思想有误国的事实存在,它违背了基本组织原则下的诚实。

孔子所讲"和"概念,若"和"真的如他所言是"发而皆中节,谓之和",依中节之"中"的概念去推敲,"和"便不是万物在天地中生发的内因,因为孔子认定了"中"是"天下之大本",而非"天下之达道"。孔子《中庸》里指定了,和是服务于情绪的词性,理性只归于中。讲白了:无非他是主张用理性来节制情绪罢了。理性是一个讲价值范畴的东西,它不一定是龙树在佛法里讲的"空",因为它也可以是依自我价值观来建立起的内部逻辑，所以外逻辑不一定有理。中节之人，好似也很冷静很讲理，但这也并不周全与公平。所以这个阿赖耶识所藏的"种子"——"中"，不一定是那么的智慧，而只是一种自我价值观的业识而已。龙树之所以用"空"这样一个大乘佛学理论，来为阿赖耶识中的"清净种子"做提纲，其意义就在见证智慧般若的存在，必有着"诸法无我"在作用。理性虽然比情绪要好些，但它可以还是"有我"的运行，所以它只是"另样的情绪"而已，是冷静的情绪。基于这个理论结构的矛盾性，龙树用"空"的超越性，不用再复涉这归于末那识"理性、情绪"的矛盾词组，从而将阿赖耶识升华为佛性清净。

在龙树的佛法"中道"，与儒家"中道"双向比较里，"和"是一个极重要的分水岭。孔子的"和"实是因为在末那识的矛盾中无以清净，便主张放弃末那识的是非态，用第六识的"心识"主观态度，来做一种糊涂主义的行动，他以为做人的糊涂就是大智慧了，这在他们的态度里却叫"学做人"。龙树的中道里没有什么"和"，只有"空"字。空是主张高举般若智慧大旗的概念逻辑，它否定了糊涂主义的做人态度，强调不放弃于末那识与前六识的全然把握，其中再也没有什么理性与情感的冲突，也非以石压草式的"中节"节制，从而超越了孔子的中庸。

孔子以"节"来做理性与情绪的调制，体现了中庸思想由逃不脱理与情的矛盾，转用"节"来制约这两者的冲突以达到和谐的目的，情与理的关系是以一种悖论格式的方式完成了"和谐"。所以中庸思想，是一种违背基本逻辑的伪思想，它推广的实是一种自私和糊涂的做人之道。纵观他老夫子的一辈子的行为中，那种内外矛盾的强烈冲突性，从来没有从末那识上得以厘清。

悖论的甄别，应该是哲学上用于鉴定命题真伪的基本手法。形式逻辑的功能，是以人脑思维规律中的基础数理原理为手段，是要求一切对象逻辑不违于科学思维的有效工具。由于数学可以用来描述一切有形与无形的大脑思维状态，那些根本无法形诸现实的荒谬想法，也可以通过数学模型的描写得以发现其结构，并找到终结荒谬的方案。所以悖论研究具有数理运算的外在表达特点，它于龙树的大乘空性理论，也可以揭示出唯识学的八识结构，特别是第八识阿赖耶识与第七识末那识的逻辑关系。甄别悖论，是佛学大乘空性学习中，一个可运用的证伪手段。

于"孔丘悖因"，我们看到了它是诸多悖论的真正内在原型。悖论的各种表现方式虽有多类，但它们都可归为"孔丘悖因"。在其形式上属于内逻辑与外逻辑间的冲突和扭曲，是全逻辑态的整体异化。人若是长期而多发性的有这种现象，则是病理上的思维态。涉及"孔丘悖因"的考察项，能有助于我们在组织内部，把握住成员的心理健康程度，对于领导人的优秀度，是一个实际的择优指标。另外，对于某项目的策划、某言语的诚实否，也可以用"孔丘悖因"来进行验省，所以它又可是检察部门的考评项。由于"孔丘悖因"是素质数原理的反面现象，故而它对观测某事物的质量与人员的素质上，具有反相镜像的参照功能。

对"孔丘悖因"的现实考量，乃是病理学、数学、语言学、行为学、社会传媒及人员素质、企划策略等，各类学科都可以尽所纳用的侦考手段。它的提出，将有效地缩短评估中的归纳过程，这是一个极简洁的逻辑工具。孔子生前二十年中，于各诸侯国处的跑官失败，无非是说明那些有经验的君王们，凭借他们丰富的用人经历，对孔子做了一个个择选人才意义上的工作评估。两千年前的周朝人虽未尽懂逻辑的基本结构、思维构造与人才素质上的直接关系，但经验的丰富还是让他们正确地选择了拒绝孔子的做官。但当时无人拿出完整的人才素质评估手段，来说明孔子的量化指数。通过我们上面诸般的分析，现在这已不再是一个问题了。

最终的思考

全篇《中庸》原文的翻译与分析，到这里已每段都写全面了。我们还要在这些议论的工作之后，趁热打铁地来完成一项具有划时代意义的哲学使命：

来吧！为我们未来的社会，从大乘佛法里获取那无尽的智慧火种。让中国的人们，永远不在家长制的专制里痛苦地生存，让人们真正的挣脱精神上"孔丘悖因"的千年枷锁，让我们人类的后代不再去沾染古人疾病思维的霉菌，让人类得到永恒光芒的自由与创造力。

龙树的大乘佛教认为：智慧是我们有大脑的生物本身具在的功能，也就是说大脑的物质有无，决定了智慧的存在与否。智慧就是我们过去所讲的"精神"，人们曾将"物质"与"精神"做了无休止的论战，唯物主义与唯心主义的两派，为了他们各自的"主义"而杀伐不断。现在我们通过对"物质"一辞，转以"脑质"为标的。那么，"精神"则改称为"智慧"才更合适于用词的精确。我们也能见到物质与精神之战的本质，它乃是"脑质与智慧哪个最先产生"问题的一种不洽当的评议。而我们显然从脑质与智慧的评议中见到那不用争的自然规律事实。但是过去西方传统哲学里的物质与精神之战，唯物者与唯心者两方，却落入"蛋鸡谁先悖论"里去了，他们都成了玩弄不同概念的悲剧性俘虏。

"蛋鸡悖论"同样也是"孔丘悖因"的引导结果，它是通过了母鸡与鸡蛋两者谁最先产生的回溯性议论，构成一种议论焦点被反复循环重设的无解。是犯了二进制与十进制运行混乱的思维错误，是大脑的介质运算出了毛病。

概念术辞也算是一种新筑的"大脑介质"的信息品，它依附于实有的基础介质而存在。介质存在于相邻各介质的结构下，彼此以"缘"的方式建立关联完成合作运算。唯识学认为，一个问题议论的命题提出，在大脑中会以"完整幅面"的方式，用眼耳鼻舌身意及其对应五蕴的表达，将命题一一展现开来。这些表达完全只是各个器官所认知和记录的东西，是它们搭建出了各运算方程的再新介质。当然，这些器官显然要去实施"末那识"下的两端判断，构成"并行双轨线"从近到远的模拟运算，以得到是非择取的目的。这个我称之为"完整幅面"的模型，就是阿赖耶识的功能所在。阿赖耶识是包含了末那识、前六识的完整体，当它完美无漏实现生命的功能时，我们转称它为智慧或"佛性"。

当然，在生活中我们用得最多的，还是智慧的外在表达形式——数理逻辑，以及与数理逻辑共通的其他形式，比如语言学、决策论等等。也许，我们原先对于从数理原理到智慧之间，没有找寻到一个合理的证明工具，我们不能知晓它们之间必然的成因。现在，通过美妙而简洁的射影几何学焦点原理下的双轨并行线图，我们可以真切地观察到智慧内部的基本结构，以及它与数学原则之间的天然关系。

西方古典的数学原理被规定在"不得在怀疑上帝创造的基础上进行运算",这是毕达哥拉斯的古希腊名言,其与东方古代野学之孔子的"天命论",是一样的不能说服人。虽然人们花了大量的精力来严肃论证数学原理中的智慧是什么,但严格的数理论证由于没有发现更科学有效的论证工具,还是落于外力"加权"的不满意结果。由于智慧并非来自权力的给予,所以"加权论"依旧还是"上帝智慧论"的翻版。但通过射影几何学焦点原理下的双轨并行线图,我们逾越了数理内部结构上观察工具的困惑,看到了它本体所具有的,二进制与十进制共处交互的天然联系。那种素数内部曾被人们长期做"筛法"描述的结构关系,实际上转用射影几何学焦点原理下的双轨并行线来描述,似更为简洁有效。"筛法"虽可以述说素数结构,而不能说明创立了素数原理的智慧来自哪里。但是,射影几何学焦点原理下的双轨并行线,在解说素数结构的同时,也合理阐释了创造数理原则的智慧原理,竟是公理性的,是来自于我们的"眼识",而不必让美上帝或天命来予以加权。

悖论是心理的病态。由于悖论在哲学中担当着神性的辩护人角色,从而构成了神天的似乎存在,神性所以即"病性"。唯心主义者严格的来讲,实是或显或隐的心理疾病者。非急症的心理疾患症状,很难从人的普通行动中速查出来,但思想上的唯心与否,一问即可从悖论逻辑上得到发现。所以不论此人是自称的唯心或唯物,一但发现其行为具有悖论格式的反复存在,此人可能就是一个潜在的心理疾患者。所以在社会活动中,对包括自身在内的某个人员、组织,以及企划、论证和宣教,进行反悖论的逻辑评估,可以达到对某个人员、组织或企划论证的内容来进行关于专项素质结构的研讨。这无异是很有价值的工作程序,我们需要具备健康思维的人和事。

引导思路成为悖论的"孔丘悖因",是与数理公理走向背离的东西,它是生命智慧的反面。而择取于智慧,是人才筛选、决策定位、运算操作和日常生活的必需。智慧这东西,真的如禅宗所说是"百姓日用而不知"。古今中外不少人日思夜想,其实它一直就在我们的平常生活里使用着。而我们在思考中却往往轻贱了它,把它当做了无用的干扰,转去否定它的价值。而否定前五识感官的同时,我们的思维却走向了形而上学的主观,数学是上帝创造的"加权"说法，正是欲意否认前五识感官的数理成因——来自于物质结构。

有趣的是："斫窦成榫"式的悖论，正如同孔子的名字一样，窦为"孔"，榫为"丘"，凹之凸的悖谬，这也许只是个千年不遇的汉字巧合吧？权且拿了它做为方便记忆"孔丘悖因"的笑谈，放在此处划上个蛮有意思的句号。

事情远没有这么简单，还记得开篇序言中的那个话题吗？——巫术。是的，集体催眠术的实施，离开不了每个人心底已预设下的潜意识之因。而"孔丘悖因"的先期培训植入，是让人们放弃自我意识的把握，从众产生出集体幻觉的手段。其中，被施以集体催眠的人们，放松、放松、再放松……在"孝""忠"与"仁义""道德"之类的中庸思想指导下，虽不至于出现巫觋一般的通神力量，但足已在巫觋的指挥棒下，不带脑子地统一行动了。因为催眠中的受术者，将会有道德方面的匹配，一如孔子中庸术里讲的要做到"配天"的价值观预设，以期达到梦游般的状态。催眠术需要道德上的匹配，受术者才能安心于被人施术。这是历史上的儒术，从巫觋式号召，转向集体催眠的重要条件。"服从强大压力"于孝亲的格式复制，实是一种施术的诱导。如同催眠时的被要求闭上眼睛，你已面对血缘关系的亲情压力，不得不闭上原本独立观察的"心窗"，这时你便已被人催眠了。其实对于中国人，"孔丘悖因"早在人们的心底里埋下了种子。为什么我们读《论语》、《中庸》的文章，都看不出孔子言论中的不合情理的成份？历历在目的那些概念冲突、那些显然的逻辑矛盾，都从我们的眼皮底下轻易地逃过去了，就这么难发现么？不！而是我们在哲理上的判断力，早被那传统的"圣人"光辉所催眠了。再次讲到做巫觋所拥有的个人条件，必须是少逻辑理性的那种人，巫者大仙是搞自我催眠的人，儒者则是一些将被催眠的人。完全放下思辩工具是被催眠成功的要求，所以在《中庸》和《论语》中，儒家反复强调的并不是加强思辩，却是要人们思路模糊、模糊、再模糊的中庸。一如催眠术里，施术者口中所要求的"放松、放松"一样。这样便会出现潜意识的暗示，代替了意识的清醒反应。

当这样的巫术鼓动成功时，且不讲孔子构建的"世界大同"仁义道德的理想美好，面前"实现"在即。只要你喜欢，就是马上让外太空飞碟来临，施术者也"能"一一做到——到时那些外星来的小绿人们，一个个的鱼贯下来向被施术者们招手，而我们的被施术者，真会以为我们在场的所有地球人，正在幸运地被外星人所接见呢！别不信，这是完全可能的，只要我们放弃了思维必要的思想工具，去向施术者进行折中往返的潜意识互动，你会什么都做不了，剩下的就只有一个——服从了他所暗示的幻觉。小绿人？这东西算不了什么。对于没有判断能力的人们，任何东西都可以在"眼前"幻化出来。

好吧！说得也很多了，我们还是来看看龙树大师一个流传很广的传奇故事，今给我们什么样的哲学启迪吧：

龙树生于佛灭度的第八百八十年，是南印度的婆罗门族人④。从小他就通晓婆罗门经典，没出家前原是个讲享乐的少年。他常与三个好朋友，无故的在外游荡找刺激。一天他们几个又聚头商量着，怎么玩才能玩得尽性和够刺激。有人提出玩神通术出入皇宫才有趣，所以大家决定去拜师学隐身术。当他们来到一位老巫师这要求学习时，巫师给了几颗说是可以隐身的药，并说只可隐身一次。龙树手拿此药，当场说出了药品的所有成份，这让老巫师大惊。于是，老巫师就向四人教授了一种隐身咒术，并告诫不得干坏事，不然会有杀身之灾。

三个人练熟了隐身术后，便开始了实施早先的计划。年少轻狂的四人，进出宫门果然不曾被人们发现，于是他们在宫内做了好几次不道德的事。没多久，那些宫内侍女们的肚子，被发现无故的大了起来，莫名其妙的怀孕了。官员们开始怀疑，一定是有人施行隐身术，进了宫来搞坏事。官员们于是从河里运来了大量细沙，遍布于宫殿和围墙的四周地面，埋伏着专等隐身人的出现。

一天这四个少年又有恃无恐地来皇宫了，立时沙地上的四行足迹，便暴露了他们。官员卫兵一哄而上的刀劈剑刺，四人立即就死了三个。少年龙树逃得快，侥幸地保了命。逃出宫门后的龙树，深感败德之祸危身，都是起于爱欲染污不能自拔的结果。思考再三，决定放弃了巫术的荒唐游戏。于是他洗心革面去寺院归依了佛门，并立下誓言，弃爱欲之贪。不久，他便开始了剃度出家的修道生涯。

这个古老的故事，似是讲高僧出家经过的，却展现了催眠术的社会危害。拥有催眠术才是得以隐身的真正原因，老巫师第一次给龙树的迷药，只是催眠药品。从迷药到隐身功能上看，少年龙树玩的隐身咒术，实际上就是古代印度的个体催眠术，是它催眠了宫人们。在现代社会的各种骗局里，包括商业骗局和政治骗局，都具有广义的催眠术应用，人们被欺骗的原因，是来自膨胀的欲望和逻辑判断的无知。龙树大师正因为深知于此，故而发誓毕生专以推广逻辑因明，做为佛教职业的奋斗方向，最后成为了著名的东方逻辑大师。

其实，不论是个体催眠术还是集体催眠术，它们的手段只有一个：受众都要先放下自主意识——扔掉逻辑思维能力。从而让潜意识里欲念与道德的混合体——潜意识冒出来。由于欲念的无视逻辑性，所以我们才看到施行催眠术的少年，在宫内奸污女性的罪行。

对于被奸污了的宫女而言，她们则是一群被催眠了的受术者而已。中庸术的实践者，可能会具有如同宫女一样的被催眠条件，因为在不需分辨的环境下对欲求的渴望，在"禁宫里的欲念"这种悖论的生活方式里，很容易成为潜在的集体催眠对象。禁止与欲行之间的纠结心理，它是人类潜意识里的主要内容物，施术者正是利用了它的机理，引诱受术者做出让旁人深感惊讶的事来。

集体催眠现象在愚昧或单纯的人群中，对催眠师来说十分容易，实施它只是暗示引导而已，如同计算机病毒对机器运行的占领。我并不就是说儒家只热衷于对社会的集体催眠，其实它也一样喜爱巫师那样的搞自我催眠。我们从《易传》等儒家典籍上，还可以见到他们搞自我催眠的技术记录。在《易传》中有用筮草如何进行卜卦的内容，卜卦在技术上并不是数学的计算，而更是借草棍符号的神秘性，来运行自我催眠的进入。

"孔丘悖因"在受催眠者身上被激活的现象，如同电子计算机里的病毒所产生的危害。我们时常见到某人做着十分悖论的举动；见到某机构团体，在运行着很自悖的事态，这些现象可以解释为思维病毒在发作，"孔丘悖因"又出现活跃期了。这种状态下的人群，永远是懦弱而无助的"病夫"，就像被催眠师所任意左右着的受众一样，他们已内部放弃了意识的守卫！他们成了无有丁点生命创造力的人，是思想上的被奸污者，一群精神的奴仆。我们大清王朝末年里，国人们那种普遍的冷漠和迷糊，与两千年中庸之道的毒害分不开，那时赢弱麻木的中国人，耻辱地被矮小日本人称为"东亚病夫"。

龙树大师正是少年感悟到了催眠术的有害，才出家建立了大乘佛教的逻辑体系。拥有逻辑因明能力，是破解社会各种催眠术的真正良方。因为逻辑因明，关系到个人思维根本素质的问题。它是分析判断、演绎推理、归纳总结的思维规律，逻辑因明的研究，是给破除"孔丘悖因"对人性创造力损害的一个最有力的思维工具。

好！本章到此就该结束了，在结束之前，我要教大家一个在现实中，如何破解催眠术的传统方法：在催眠师的面前，用舌尖顶住了上腭，你不要放松，这时催眠师对你催眠即失效！原理：有人说这是因为舌抵上腭能打通气脉的缘故。其实不然，舌抵上腭的行为，在生理上会让血液更多的通过颈部动脉，给我们的大脑以更充足的供氧量。如此的行为，就能让人心理表现得更为清醒，而催眠的暗示效应自然被你所拒绝。当然，你知道了这个原理，也可以变通地换一个手法，用其他的行为来拒绝被暗示所催眠，比如瞪大了眼睛之类的行动，这些方式也是有效的。但这方法只是佛门称之为对治法门的"相应法"，并不是最究竟的，以人强努的定力总是很有限的，你随时可能会被转移了注意力，再次落入被催眠的境地。

如何能在纷繁世俗的众人皆昏睡中，做到我独醒的大觉悟呢？没有别的方法，那只有一条道：提高心理素质，加强自我科学思维的能力，将正确的思维规律运用成熟，必能永拒"孔丘悖因"于门外，还我们一个真正清净的"彻觉"心灵！这才是拥有了真正的金刚定力——"那伽大定"。

---

①详见拙著《论语镜像》第11篇"恶业的天命"。
②详见《公孙龙子·白马论》。公孙龙，先秦的著名辩士。
③详见《庄子·齐物论》。庄周，先秦的道家学派代表人物。
④详见姚秦·鸠摩罗什译《龙树菩萨传》。

五、附一

《中庸》全篇注解

第一章

〈1〉天命之谓性；率性之谓道；修道之谓教。

注释：天命，天帝的命令，此为主谓语（不应理解为"天赋"或自然禀赋）。性，生灵的源由（不应理解为"符合"意）。率性，循某理于生命的过程中。

〈2〉道也者，不可须臾离也；可离，非道也。是故君子戒慎乎其所不睹，恐惧乎其所不闻。

注释：须臾，些许、少许意。不睹，看不见。不闻，无所听闻。

〈3〉莫见乎隐，莫显乎微。故君子慎其独也。

注释：隐，隐蔽，不易见。微，体小，不易把握。君子，周朝宫廷五爵位之一，此泛指君王所领导的弟子们。独，单独、独处。

〈4〉喜、怒、哀、乐之未发，谓之中。发而皆中节，谓之和。中也者，天下之大本也。和也者，天下之达道也。

注释：发，动词，兴起、产生。中，量词，折半。节，节制。和，协调。大本，大处的根本。

〈5〉致中和，天地位焉，万物育焉。

注释：致，达成。位，已具办、已置成。万物，生灵、动植物（包含了人类）。育，繁衍。

第二章

〈1〉仲尼曰："君子，中庸；小人，反中庸。"

注释：仲尼即孔子，姓孔名丘，字仲尼。庸，不动、保持（不应理解为"常"）。小人，不符合五爵位贵族要求的人，包括工农商等低贱职业的人士。反，不遵从、反抗、反对。

〈2〉"君子之中庸也，君子而时中。小人之中庸也，小人而无忌惮也。"

注释：时中，每个时刻都能做到折中的把握。无忌惮，不顾忌、不畏惧。

第三章

〈1〉子曰："中庸其至矣乎！民鲜能久矣。"

注释：子，孔子的简称。至，最高的顶点。鲜，极少。

第四章

〈1〉子曰："道之不行也，我知之矣：知者过之；愚者不及也。道之不明也，我知之矣：贤者过之；不肖者不及也。"

注释：知，了解。（知，此处不可解为"智"的通假字。）

〈2〉"人莫不饮食也。鲜能知味也。"

注释：莫，无不。

第五章

〈1〉子曰："道其不行矣夫。"

注释：矣夫，句末的感叹词。

第六章

〈1〉子曰："舜其大知也与！舜好问而好察迩言（1），隐恶而扬善，执其两端，用其中于民。其斯以为舜乎！"

注释：舜，远古帝王，又称"虞舜"。知，"智"的古代通假字。迩言，近旁之语。其斯以为，"它就是"意。

第七章

〈1〉子曰："人皆曰'予知'，驱而纳诸罟擭陷阱之中，而莫之知辟也。人皆曰'予知'，择乎中庸，而不能期月守也。"

注释：予知，我有智慧。驱，驱赶。纳，放置。罟，捕网。擭，捕兽机。辟，避的通假字，回避。期，期盼。月守，坚持一个月。

第八章

〈1〉子曰："回之为人也：择乎中庸，得一善，则拳拳服膺，而弗失之矣。"

注释：回，孔门学生颜回。择，选择。善，好处。拳拳服膺，完全从心底里的佩服。弗，不。

第九章

〈1〉子曰："天下国家，可均也；爵禄，可辞也；白刃，可蹈也；中庸不可能也。"

注释：均，公平分配，指财富。爵禄，官爵俸禄。辞，推卸。白刃，锋利的刀口。蹈，以脚踏踩。

第十章

〈1〉子路问强。

注释：子路，孔门学生，孔子近身的侍卫。强，强大。

〈2〉子曰："南方之强与，北方之强与，抑而强与？"

注释：与，句末语气词，表示疑问。抑而，选择哪个。

〈3〉"寞柔以教，不报无道，南方之强也。君子居之。"

注释：寞柔，潜心。报，报复。南方，北方齐国的南面，指鲁国。

〈4〉"衽金革，死而不厌，北方之强也。而强者居之。"

注释：衽，原指名词席子，这里做动词用，卧垫意。金革，刀枪战甲。不厌，无厌倦。北方，南方鲁国的北面，指齐国。

〈5〉"故君子和而不流；强哉矫。中立而不倚；强哉矫。国有道，不变塞焉；强哉矫。国无道，至死不变；强哉矫。"

注释：和，中节的情绪。流，随波逐流。矫，壮阔，伟大。变塞，塞闭。

第十一章

〈1〉子曰："素隐，行怪，后世有述焉，吾弗为之矣。"

注释：素隐，坚守着隐居。行怪，行径怪异。后世，后三十年。述，记载。弗为，不愿做。

〈2〉"君子遵道而行，半涂而废，吾弗能已矣。"

注释：涂，通假"途"字。

〈3〉"君子依乎中庸。避世不见，知而不悔，唯圣者能之。"

注释：避世，逃离世间。

第十二章

〈1〉君子之道，费而隐。

注释：费，费解，隐，不显露。

〈2〉夫妇之愚，可以与之焉，及其至也，虽圣人亦有所不知焉。夫妇之不肖，可以能行焉，及其至也，虽圣人亦有所不能焉。天地之大也，人犹有所憾。故君子语大，天下莫能载焉，语小，天下莫能破焉。

注释：与，给予。至，最高。不肖，无能状。憾，遗憾。破，拆解。

〈3〉诗云："鸢飞戾天；鱼跃于渊。"言其上下察也。

注释：诗，指孔子编纂的《诗经》。鸢，老鹰。戾天，冲向天空。渊，深水。察，观察。

〈4〉君子之道，造端乎夫妇；及其至也，察乎天地。

注释：造端，产生的源头。

第十三章

〈1〉子曰："道不远人。人之为道而远人，不可以为道。"

注释：远，远离。

〈2〉"诗云：'伐柯伐柯，其则不远。'执柯以伐柯，睨而视之。犹以为远。故君子以人治人，改而止。"

注释：柯，斧柄木。睨，斜着看。

〈3〉"忠恕违道不远。施诸己而不愿，亦勿施于人。"

注释：违，离近。施，施行。

〈4〉"君子之道四，丘未能一焉：所求乎子，以事父，未能也；所求乎臣，以事君，未能也；所求乎弟，以事兄，未能也；所求乎朋友，先施之，未能也。庸德之行，庸言之谨；有所不足，不敢不勉；有馀，不敢尽。言顾行，行顾言。君子胡不慥慥尔。"

注释：事，服务。施之，施舍于他。庸德之行，动用道德之行动。庸言之谨，动用语言之谨慎。馀，过量。胡，哪能。慥慥，忠诚状。

第十四章

〈1〉君子素其位而行，不愿乎其外。

注释：素其位，坚守自己的位置。

〈2〉素富贵，行乎富贵；素贫贱，行乎贫贱；素夷狄，行乎夷狄；素患难，行乎患难。君子无入而不自得焉。

注释：素，向来，一向。

〈3〉在上位，不陵下；在下位，不援上；正己而不求于人。则无怨上不怨天，下不尤人。

注释：陵，欺凌。援，攀附。不尤人，不怪他人。

〈4〉故君子居易以俟命，小人行险以徼幸。

注释：居易，身处变动中。俟，等待。徼幸，侥幸。

〈5〉子曰："射有似乎君子。失诸正鹄，反求诸其身。"

注释：似乎，如同。正鹄，箭靶。

第十五章

〈1〉君子之道，辟如行远必自迩，辟如登高必自卑。

注释：辟如，譬如。迩，近处。卑，低处。

〈2〉诗曰："妻子好合，如鼓瑟琴。兄弟既翕，和乐且耽。宜尔室家，乐尔妻帑。"

注释：鼓，弹奏。翕，友好。耽，快乐。尔，你。帑，儿子，通"孥"。

〈3〉子曰："父母其顺矣乎。"

注释：其顺矣乎，是要顺从的。

第十六章

〈1〉子曰："鬼神之为德其盛矣乎。"

注释：其盛矣乎，它是盛大的啊。

〈2〉"视之而弗见；听之而弗闻；体物而不可遗。"

注释：体物，体会了它。不可遗，遗漏不掉。

〈3〉"使天下之人，齐明盛服，以承祭祀。洋洋乎，如在其上，如在其左右。"

注释：齐，"斋"字的古写。明，通"冥"字。洋洋乎，浩荡状。

〈4〉"诗曰：'神之格思，不可度思，矧可射思?'"

注释：格，推理。矧，疑问句，"怎么"义。射，猜测意。

〈5〉"夫微之显。诚之不可揜，如此夫。"

注释：可揜，可以掩盖。

第十七章

〈1〉子曰："舜其大孝也与！德为圣人，尊为天子，富有四海之内。宗庙飨之，子孙保之。"

注释：飨之，供奉着他。保之，保护着他。

〈2〉"故大德，必得其位，必得其禄，必得其名，必得其寿。"

注释：必得其，必然会收获应得的。

〈3〉"故天之生物必因其材而笃焉。故栽者培之，倾者覆之。"

注释：笃，胜任。倾，倾倒。覆，翻倒。

〈4〉"诗曰：'嘉乐君子，宪宪令德，宜民宜人。受禄于天。保佑命之，自天申之。'"

注释：嘉乐，快乐的。宪宪，遵行。令德，法令中的德行。宜，适合。申，告诫。

〈5〉"故大德者必受命。"

注释：受命，受上天的使命。

第十八章

〈1〉子曰："无忧者，其惟文王乎。以王季为父，以武王为子。父作之，子述之。"

注释：忧，忧患。文王，周朝的开国天子姬昌。王季，周天子的祖先。武王，周文王的儿子姬旦。述之，实践它。

〈2〉"武王缵大王、王季、文王之绪。壹戎衣，而有天下。身不失天下之显名。尊为天子。富有四海之内。宗庙飨之。子孙保之。"

注释：缵，追溯。绪，志向。壹戎衣，披上战袍。

〈3〉"武王末受命，周公成文武之德。追王大、王季，上祀先公以天子之礼。斯礼也，达乎诸侯大夫，及士庶人。父为大夫，子为士；葬以大夫，祭以士。父为士，子为大夫；葬以士，祭以大夫。期之丧，达乎大夫；三年之丧，达乎天子；父母之丧，无贵贱，一也。"

注释：先公，指王大、王季等周天子的先祖。

第十九章

〈1〉子曰："武王、周公，其达孝矣乎。"

注释：周公，指武王姬旦的父亲，文王姬昌。

〈2〉"夫孝者，善继人之志，善述人之事者也。"

注释：述，遵循。

〈3〉"春秋，修其祖庙，陈其宗器，设其裳衣，荐其时食。"

注释：春秋，指这两个季节。陈，陈列。宗器，庙中供具。荐，献上。时食，合时宜的食品。

〈4〉"宗庙之礼，所以序昭穆也。序爵，所以辨贵贱也。序事，所以辨贤也。旅酬下为上，所以达贱也。燕毛所以序齿也。"

注释：序，排序。昭，父辈在左边的排序称为"昭位"。穆，子辈设在右边的排序，称为"穆位"。序爵，爵位的排列。旅酬，排场的次序。燕，宴席，"宴"字的通假字。毛，毛发色泽。序齿，长幼排序。

〈5〉"践其位，行其礼，奏其乐，敬其所尊，爱其所亲，事死如事生，事亡如事存，孝之至也。"

注释：践其位，操持在应在的位置上。

〈6〉"郊社之礼，所以事上帝也。宗庙之礼，所以祀乎其先也。明乎郊社之礼，禘尝之义，治国其如示诸掌乎。"

注释：事，献给。郊社，郊外大型祭天社稷活动。上帝，天帝。禘，祭自家祖先的谛礼。尝，祭丰收谷神之尝礼。示，展现。掌，掌心上。

第二十章

〈1〉哀公问政。

注释：哀公，鲁国诸侯王名，姓姬。政，执政方略。

〈2〉子曰："文武之政，布在方策。其人存，则其政举；其人亡，则其政息。"

注释：文武，指周朝奠基者，文王与武王。布，布局。方策，方略和策划。

〈3〉"人道敏政，地道敏树。夫政也者，蒲卢也。"

注释：人道，人类的层面。地道，地理的层面。蒲卢，植物。

〈4〉"故为政在人。取人以身。修身以道。修道以仁。"

注释：取，用。身，身手能力。

〈5〉"仁者，人也，亲亲为大。义者，宜也，尊贤为大。亲亲之杀，尊贤之等，礼所生也。"

注释：亲亲，前字为动词，后字为名词，接纳亲近的人。杀，减少意（不可以做"弄死"来理解）。

〈6〉"在下位，不获乎上，民不可得而治矣。"

注释：获，取得支持意。

〈7〉"故君子，不可以不修身。思修身，不可以不事亲。思事亲，不可以不知人。思知人，不可以不知天。"

注释：修身，才能的学习。事亲，服务于亲人。知人，了解人类。知天，知晓天命。

〈8〉"天下之达道五，所以行之者三，曰：君臣也、父子也、夫妇也、昆弟也、朋友之交也。五者，天下之达道也。知、仁、勇三者，天下之达德也。所以行之者一也。"

注释：达道，最高的道。达德，最高的德。

〈9〉"或生而知之；或学而知之；或困而知之：及其知之，一也。或安而行之；或利而行之；或勉强而行之：及其成功，一也。"

注释：困，困难。安，安排。

〈10〉子曰："好学近乎知。力行近乎仁。知耻近乎勇。"

注释：近乎知，近于智慧。此"知"是古字"智"的通假。知耻，知道耻辱。

〈11〉"知斯三者，则知所以修身。知所以修身，则知所以治人。知所以治人，则知所以治天下国家矣。"

注释：治，治理。

〈12〉"凡为天下国家有九经，曰：修身也、尊贤也、亲亲也、敬大臣也、体群臣也、子庶民也、来百工也、柔远人也、怀诸侯也。"

注释：九经，九条经典的方面。

〈13〉"修身，则道立。尊贤，则不惑。亲亲，则诸父昆弟不怨。敬大臣，则不眩。体群臣，则士之报体重。子庶民，则百姓劝。来百工，则财用足。柔远人，则四方归之。怀诸侯，则天下畏之。"

注释：惑，迷茫。眩，眼光昏花。柔，安慰。畏，惧怕。

〈14〉"齐明盛服，非体不动：所以修身也。去谗远色，贱货而贵德，所以劝贤也。尊其位，重其禄，同其好恶，所以劝亲亲也。官盛任使，所以劝大臣也。忠信重禄，所以劝士也。时使薄敛，所以劝百姓也。日省月试，既禀称事，所以劝百工也。送往迎来，嘉善而矜不能所以柔远人也。继绝世，举废国，治乱持危，朝聘以时，厚往而薄来，所以怀诸侯也。"

注释：体，体面。谗，谗言。色，女色。贱货，轻视财物。官盛，官员具有气派。禀，承受。嘉善，嘉奖好的。矜不能，怜悯能力差的。绝世，已断代的旧贵族。废国，被取消的旧国家。

〈15〉"凡为天下国家有九经，所以行之者一也。"

注释：行之，照办的收效。

〈16〉"凡事，豫则立，不豫则废。言前定，则不跲。事前定，则不困。行前定，则不疚。道前定，则不穷。"

注释：豫，预备。不跲，不被绊倒。疚，愧疚。穷，走入绝境。

〈17〉"在下位不获乎上，民不可得而治矣。获乎上有道：不信乎朋友，不获乎上矣。信乎朋友有道：不顺乎亲，不信乎朋友矣。顺乎亲有道：反者身不诚，不顺乎亲矣。诚身有道：不明乎善，不诚乎身矣。"

注释：诚身，身心诚恳。

〈18〉"诚者，天之道也。诚之者，人之道也。诚者，不勉而中不思而得：从容中道，圣人也。诚之者，择善而固执之者也。"

注释：勉，努力。

〈19〉"博学之，审问之，慎思之明辨之，笃行之。"

注释：审问，反思而求问。笃行，笃切的实行。

〈20〉"有弗学，学之弗能，弗措也。有弗问，问之弗知，弗措也。有弗思，思之弗得，弗措也。有弗辨，辨之弗明，弗措也。有弗行，行之弗笃，弗措也。人一能之，己百之。人十能之，己千之。"

注释：弗措，不能使用。

〈21〉"果能此道矣，虽愚必明，虽柔必强。"

注释：明，聪明。

第二十一章

〈1〉"自诚明，谓之性；自明诚谓之教。诚则明矣；明则诚矣。"

注释：自诚，自我能诚恳。自明，自己能明辨。

第二十二章

〈1〉唯天下至诚为能尽其性。能尽其性，则能尽人之性。能尽人之性，则能尽物之性。能尽物之性，则可以赞天地之化育。可以赞天地之化育，则可以与天地参矣。

注释：赞，辅佐。参，匹配。

第二十三章

〈1〉其次致曲。曲能友诚。诚则形。形则著。著则明。明则动。动则变。变则化。唯天下至诚为能化。

注释：致曲，做到行为的圆曲。友诚，诚恳的朋友。形，气势。著，显赫。明，表明。动，行动。变，改变。化，转化。

第二十四章

〈1〉至诚之道可以前知。国家将兴，必有祯祥；国家将亡，必有妖孽。见乎蓍龟，动乎四体。祸福将至，善必先知之；不善，必先知之。故至诚如神。

注释：祯祥，吉祥的预兆。妖孽，鬼怪。蓍，算卦的草棍。龟，算卦的龟版。四体，祯祥、妖孽、蓍、龟四种体现。

第二十五章

〈1〉诚者自成也，而道自道也。

注释：自成，自我去实现。

〈2〉诚者，物之终始。不诚无物。是故君子诚之为贵。

注释：贵，价值。

〈3〉诚者，非自成己而已也。所以成物也。成己仁也。成物知也。性之德也，合外内之道也。故时措之宜也。

注释：时措之宜，要时时的做到。

第二十六章

〈1〉故至诚无息。

注释：无息，不会停歇。

〈2〉不息则久，久则徵。

注释：徵，追溯。

〈3〉徵则悠远。悠远，则博厚。博厚，则高明。

注释：悠远，长久遥远。博厚，广阔沉静。高明，高尚明朗。

〈4〉博厚，所以载物也。高明，所以覆物也。悠久，所以成物也。

注释：载，担受。覆，倾变。成，显出。

〈5〉博厚，配地。高明，配天。悠久，无疆。

注释：配地，匹配地。疆，边际。

〈6〉如此者，不见而章，不动而变，无为而成。

注释：见，展现。章，显著。

〈7〉天地之道，可一言而尽也。其为物不贰，则其生物不测。

注释：不贰，无两端。不测，不能证实。

〈8〉天地之道，博也、厚也、高也、明也、悠也、久也。

注释：天地，天与地间。

〈9〉今夫天斯昭昭之多，及其无穷也，日月星辰系焉，万物覆焉。今夫地一撮土之多，及其广厚载华岳而不重，振河海而不洩，万物载焉。今夫山一卷石之多，及其广大，草木生之，禽兽居之，宝藏兴焉。今夫水，一勺之多，及其不测，鼋、鼍、蛟、龙、鱼、鳖生焉，货财殖焉。

注释：昭昭，光芒照耀。卷，围座。殖，增长。

〈10〉诗云："维天之命，于穆不已。"盖曰，天之所以为天也。"于乎不显，文王之德之纯。"盖曰，文王之所以为文也。纯亦不已。

注释：穆，子孙的继繁。纯，纯朴。不已，一贯性。

第二十七章

〈1〉大哉圣人之道！

注释：大，伟大。

〈2〉洋洋乎，发育万物，峻极于天。

注释：洋洋，盛大之状。峻，高。

〈3〉优优大哉，礼仪三百威仪三千。

注释：优优，优越状。

〈4〉待其人而後行。

注释：待，等待。

〈5〉故曰："苟不至德，至道不凝焉。"

注释：苟，如果。凝，显露。

〈6〉故君子尊德性，而道问学，致广大，而尽精微，极高明，而道中庸。温故，而知新，敦厚以崇礼。

注释：精微，精髓。温，复习。知新，知晓新的事物。

〈7〉是故居上不骄，为下不倍。国有道，其言足以兴；国无道，其默足以容。诗曰："既明且哲，以保其身。"其此之谓与？

注释：骄，骄傲。倍，背叛。明，明智。哲，聪慧。

第二十八章

〈1〉子曰："愚而好自用，贱而好字专。生乎今之世，反古之道。如此者灾及其身者也。"

注释：自用，自己的作用。字专，独断专行。

〈2〉非天子不议礼，不制度，不考文。

注释：议礼，商评礼仪。制度，制定礼的规格。考文，文辞考核。

〈3〉今天下，车同轨，书同文，行同伦。

注释：同轨，同等轨迹宽度。行，行为。伦，伦理。

〈4〉虽有其位，苟无其德，不敢作礼乐焉。虽有其德，苟无其位，亦不敢作礼乐焉。

注释：位，官职。

〈5〉子曰："吾说夏礼，杞不足徵也。吾学殷礼，有宋存焉。吾学周礼，今用之。吾从周。"

注释：周，周礼。

第二十九章

〈1〉王天下有三重焉，其寡过矣乎！

注释：王，动词。重，重视。

〈2〉上焉者虽善，无徵。无徵，不信。不信，民弗从。下焉者虽善，不尊。不尊，不信。不信，民弗从。

注释：徵，信誉。尊，尊严。

〈3〉故君子之道，本诸身，徵诸庶民。考诸三王而不缪，建诸天地而不悖。质诸鬼神而无疑。百世以俟圣人而不惑。

注释： 本诸身，从自身出发。缪，缪误。悖，悖逆。俟，等待。感，"撼"的通假字。

〈4〉质鬼神而无疑，知天也。百世以俟圣人而不惑，知人也。

注释： 质，求证。

〈5〉是故君子动而世为天下道，行而世为天下法，言而世为天下则。远之，则有望；近之，则不厌。

注释： 世为，满世间都是。望，期望。厌，厌倦。

〈6〉诗曰："在彼无恶，在此无射；庶几夙夜，以永终誉。"君子未有不如此，而蚤有誉于天下者也。

注释： 恶，厌恶。射，猜疑。庶几，无论多少。夙夜，日夜。永，久永。终誉，最高声誉。

第三十章

〈1〉仲尼祖述尧舜，宪章文武。律天时，下袭水土。

注释： 仲尼，即孔子。祖述，承继。宪章，规范。律，依寻。袭，摹照。

〈2〉辟如天地之无不持载，无不覆帱。辟如四时之错行，如日月之代明。

注释： 辟如，比如。持载，覆帱，覆盖。错行，交替运行。代明，交换着在照耀。

〈3〉万物并育而不相害。道并行而不相悖。小德川流；大德敦化。此天地之所以为大也。

注释： 敦化，包容与消融。

第三十一章

〈1〉唯天下至圣，为能聪、明、睿知、足以有临也；宽、裕、温、柔、足以有容也；发、强、刚、毅、足以有执也；齐、庄、中、正、足以有敬也；文、理、密、察、足以有别也。

注释：临，摹写。容，容纳。执，把握。敬，敬仰。察，细致。

〈2〉溥博，渊泉，而时出之。

注释：溥溥，高扬与不可测。

〈3〉溥博如天；渊泉如渊。见而民莫不敬；言而民莫不信；行而民莫不说。

注释：说，古"悦"字的通假。

〈4〉是以声名洋溢乎中国，施及蛮貊。舟车所至，人力所通，天之所覆，地之所载，日月所照，霜露所队：凡有血气者莫不尊亲。故曰："配天"。

注释：蛮貊，边疆部落。队，古"坠"字的通假。

第三十二章

〈1〉唯天下至诚，为能经纶天下之大经，立天下之大本，知天地之化育。夫焉有所倚？

注释：经纶，经营。倚，依靠。

〈2〉肫肫其仁！渊渊其渊！浩浩其天！

注释：肫肫，诚恳状。渊渊，深沉状。浩浩，广大状。

〈3〉苟不固聪明圣知，达天德者，其孰能知之？

注释：固，固然是。

第三十三章

〈1〉诗曰："衣锦尚絅，"恶其文之著也。故君子之道，闇然而日章；小人之道，的然而日亡。君子之道，淡而不厌、简而文、温而理。知远之近，知风之自，知微之显。可与入德矣。

注释：衣锦，穿锦衣。尚，喜爱披麻布制的罩衣。恶，不喜。文之著，纹饰太显耀。闇然，外表无光，日章，如日光天天亮堂。的然，烛光。日亡，至夜即灭亡。

〈2〉诗云："潜虽伏矣，亦孔之昭。"故君子内省不疚，无恶于志。君子之所不可及者，其唯人之所不见乎。

注释：潜，潜藏。邃，深邃。孔，小洞。昭，光斑明显。内省，反省。

〈3〉诗云："相在尔室，尚不愧于屋漏。"故君子不动而敬，不言而信。

注释：相，丞相。室，屋中。

〈4〉诗曰："奏假无言，时靡有争。"是故君子不赏而民劝，不怒而民威于铁钺。

注释：奏假，奉神感通。靡，没有。铁钺，军斧。

〈5〉诗曰："不显惟德，百辟其刑之。"是故君子笃恭而天下平。

注释：不显，通于"丕显"，丕为"宏大"意。百辟，辟为"侯王"的称谓，众侯王。刑，效法。

〈6〉诗云："予怀明德，不大声以色。"子曰，"声色之于以化民，末也。诗云，"德輶"如毛。"毛犹有伦。"上天之载，无声无臭。"至矣。

注释：大声，号令。色，容貌。輶，轻。伦，比。臭，气味。

六、附二

本文涉及的射影几何焦点透视学补充

射影几何是研究图形的射影性质，即它们经过射影变换后，依然保持不变的图形性质的几何学分支学科。在经典几何学中，通过射影几何所具有的特殊地位，它可以让其不同的几何学联系起来。也叫做投影几何学，被认为是世上最为优美的数学分支。首先由 Desargues 于 17 世纪发展，一直到 19 世纪初期经由 Jean—Victor Poncelet 等人的努力，而成为数学中一个显著的分支。

射影几何学的发源，始于文艺复兴时期。透视法是最早被应用的射影几何学原理，透视法源自欧几里德几何学，后来射影几何学再由此发展出来。它主要借助于远大近小的透视现象，来表现物体的立体感。当时的浮雕匠师利用人眼的透视关系，在薄雕层中制造出了深度感的虚拟三维效果。建筑师也会利用地板的线条或梁柱的直线，虚拟出室内空间的景深感。文艺复兴时期的绘画里，被引入了第三维的平面表达技法。三维空间的画面，只有通过光学透视体系的表达方法才能得到。它可在绘画中，表达诸如空间、距离、质量、体积等视觉关系的印象。数学对绘画艺术作出贡献的同时，绘画艺术也给了数学以丰厚的回馈。文艺复兴时期的画家们，在发展聚焦透视体系的过程中，引入这种新式几何思想，并成为后来促进数学全新发展的一个方向,透视学是艺术与科学互相回馈的典范案例。

几何透视法包括三个要素:1. 视平线,一般是指画者平视时与眼睛高度平行的假设线。视平线决定被画物的透视斜度,被画物高于视平线时,透视线向下斜,被画物低于视平线时,透视线向上斜。2. 焦点(又称天点、心点或消失点、无穷远点),它是指视觉中心。它位于画者的核心部位。在平行透视中,一切透视线都引向焦点。3. 距点,视点至焦点的距离叫视距,如果把视距移至视平线上焦点的两侧,所得的点为距点。

把一个物件画在一画纸上,就如同是用自己的眼睛当作了投影中心,再把实物的影子,通过这"投影中心"影射到画纸上去,如此物件方能被描绘出来。在这被描绘下来的画像中,人们发现各个元素的相对大小和位置关系,有的已发生数据变化,有的却保持着不变。这种有趣的变化规律促使数学家,对图形在中心投影下的数学性质进行研究,逐渐产生了许多过去没有的新概念和理论,故而形成这门射影几何的新学科。

射影几何源于美术上的透视法原则。人们通过透视学规律发现了两个重要的思想:其一,触觉体系的欧氏几何之外,视觉体系几何与它不相一致。欧几里得的并行线只有用手摸才存在,而用眼睛看它却并不存在。故而,欧氏几何给视觉几何留有广阔的数学研究空间。其二,以投影和截面取景原理产生的聚焦透视体系,认为人眼是"一个点",由此观察景物的光线可视做形成了一个投影锥。根据这一体系,表达人眼直观视觉的画面,它本身就必须是含有投影锥的一个截景。从数学上看,这截景图,就是一张平面与投影锥做相截之后,所形成的一部分截面。透视学及其射影几何,集中表现了投影和截影的思想。

任何两个不同点位于唯一一条直线上;

每条直线至少有三个不同点;

给定任意直线,存在不在此线的一点;

给定任意两个不同直线,存在一点同时在两条直线(任意两条不同线有公共点)。

射影几何可以用公理化一阶逻辑理论形式表述,它的全集包括"点"

和"线"。因此,有两类元素集合:一个成员是点,另一个的成员是线。

任何欧氏几何可以作为射影几何的特殊情况出现,这是通过加入所需的元素概念和公理达成的。

在射影几何学中,把无穷远点看作是"理想点"命名的"焦点"。直线再加上一个无穷点就是无穷远直线,如果一个平面内两条直线平行,那么这两条直线就交于这两条直线共有的无穷远点。通过同一无穷远点的所有直线平行。

在引入无穷远点和无穷远直线后,原来普通点和普通直线的结合关系依然成立,而欧几里德几何学里所谓"只有两条直线不平行的时候才能求交点"的约束,在此射影几何学下消失了限制。

由于经过同一个无穷远点的直线都平行,因此中心射影和平行射影两者就在"焦点"关系上统一了,平行射影可以看作是经过无穷远点的中心投影。若这样把一个图形,利用焦点关系下的中心投影或者平行投影,映射成为另一个图形的数据映像,叫做"射影变换"。

"交比"是射影几何中重要的概念之一,用它可以说明两个平面点之间的射影对应。射影变换有两个重要的性质:首先,射影变换使点列变点列,直线变直线,线束变线束,点和直线的结合性是射影变换的不变性;其次,射影变换下,交比不变。又有诸如"对偶"、"群"等等射影几何概念(本文略而不一一而足),这些也都是它内在的重要数学关系。

本文的重点,只在关注射影几何"焦点"的数学"理想点"概念,与无穷远平行直线,相交于焦点上的"射影变换"逻辑关系。射影变换是个有广泛逻辑价值的数论方式,对于我们以"心点"可议论作"物质与精神"的哲学概念变换,或以"质点"来议论"质数"之数学内涵、用"焦点"来议论唯识学关系、以"消失点"论因明逻辑学,此射影变换都是可以借用的数论桥梁。我提出:射影几何的焦点原理,是可将各类欧氏几何关系做出联系的"桥梁",它也应是一个新型可逻辑的"模",被应用于"质因"类内外逻辑的一切议论关系中。

"射影变换"下交于焦点的无穷远平行直线,便是此"理想点"的质因子。交于焦点的两直线上的任意平行线,被远推至焦点处时,即当变换成一个质点而被数学所提出。这个数理模型也描述着"数质数"其内在结构，是一个非常简朴的有效议论。因此，用于搭建各个形式逻辑的沟通桥梁，引入到哲学类的数理逻辑议论之中，这种数理关系也具有着极殊胜的意义。

后 记

此书的主体内容,乃是刻意为忠实还原古汉语原貌的《中庸》译本研读,并在原文和译文之下,去逐条加以点评和总结,进而所集成的文稿。因明学逻辑的运用和判断议论,由于加入了比较独特的焦点式逻辑这么一个数学新理论,它可让东方逻辑与西方逻辑统一起来。所以对《中庸》的分析,此书拥有着比较充分的议论工具。这应该感谢龙树大师倡导的大乘理义——"空"的建立,以及它在中国大地二千年的哲学传播,"空"在哲学上建立的意图就是为了以般若智来分析一切。从此,我们不再会只是简单地相信那些,用华丽的辞藻所堆砌起来的古文,而是单刀直入原文逻辑"古人的胸膛"。见证佛陀本怀,与见识孔子的真实心理,在逻辑与概念所构成的符号文本上,因明学都是共通可用的。在个人言行对比佛陀言教上禅宗称之"印证",而在对外部某人某学说上的观察,则称之为"勘验",我此书勘验了《中庸》。

世人都以为凡宗教皆是唯心主义的模式,但另有一种也被称之"宗教"的教育,它的基本原理却不是唯心主义的,这就是佛教。佛教中,有一条辩证唯物主义的约束条款。

佛教理论哪些原理是不唯心的呢?首先是"三法印"这条,它从根本上体现了非唯心主义的判教观,佛教的判教观念决定了什么主义才符合于佛教。这"三法印"有三条:诸法无我、诸行无常、寂静涅槃。

首先是"诸法无我",它翻译过来就是说,符合佛法的一切观念,都不会是以个人意志为真理,真理没"我"与他的区别。这条是讲真实的

"法"——法则，是具普被众生的共性，所以其中不存在"我"的主观性，也不存在唯心的"我"态。由于"无我法"的提出，没有了"我态"的观念，观察必然是要求客观和实证的。即然生命中实行的观念是否定"我态"的，那么生命意识上已明了：这个生命之外的"我"，是心理上的一个不具真实性的假相。它没有实体、也没有继承于肉体之外的"灵魂"性，灵魂之类可去继承"我"的特征，在佛法的法则中被永远的剔除了。所以，佛法在"三法印"的鉴别中，不承认灵魂、鬼神、仙妖、上帝和阎王，以及让这些子乌虚有的东西们，所可以居住的天堂和地狱，托于他们而立的所谓"法则"，也皆归于旧文化的灰烬。"诸法无我"把脱离了物质条件的，所谓的"精神的灵魂性"首先给否决掉了。诸法无我，是立足于"法"和"我"两端做出议论的一个判例。"既有法，何有我"，所以真正的佛法指出，追求灵魂上不灭的"我态"，乃是一个人类的大妄想。认识到了这点，才是佛法的真理体会者。

第二条是"诸行无常"。直译是指：人类观察行为所得的结果是多种多样的，"常"是形容所观察到的一种恒定态。这是强调了人类心理的主观经验，会干涉到观察行为所得到的结果，各个主观心理会对物质的描述产生不同的作用。这条法印的提出，为上面的"诸法无我"提供了理论依据。主观心理的"我态"，是个"无常"的心理现象，而非实有灵魂的继承者。"无常"一词，准确地勾勒出了佛教反对唯心主义灵魂观的关键词。

第三条是"寂静涅槃"。这条法印是指出了真正佛法的终极目的，是为了给人类提供无有争议的共识。"寂静"一词，体现了真理被实践后的认同。"涅槃"是指修行者成就的传统归宿，它不关涉到"死亡之后"，死亡之后要继续的"我"永远只是个无根的妄念。所以并不是生命之外的事，而是在生与死之间的生命过程内，一个真理法则的印证和共识。这条也是支持前两条法印的基础，是有关佛法"目的论"的范畴约束。直译为：当生命用它的生命区间来印证了真理后，所得的结果即无言的喜悦。

三法印中，"诸法无我"主张了唯物主义的人生观；"诸行无常"承认心理行为对人类观念的反作用力，这是佛教世界观的总结；"寂静涅槃"是佛教的方法论，它明确指出了议论真理之目的，是为了在生命间本然共识的体验中，达成了生命无言的喜悦，而不是其她。

这三条之所以称为"法印",是因为它是认可某一理论或实践,是否达到与佛理相统一,所必需经过考量的一个最重要的信用"印证",用其去考量法印的俱存否,是鉴定个人思想的必要工具。不论你的名头多大,智慧多高,在理解佛典和佛法上,若不能顺利通过三法印的挑剔,即是修行的不到位。这种传统的看法,已是千百年来佛教的各宗派,所共同遵循的重要原则。事实也是如此,对修行人言论和文章正确与否的研判,判教规则的"三法印"给了人们一个最为可靠的理论省视工具。

　　有人问,大乘佛典有不少涉及了天堂地狱鬼神的确凿字句,难道佛陀本人的言教不符合"三法印"吗?其实,大家只识经文表面的字句,不知佛陀的大乘经典里,更有着"三谛"来让我们把握。天堂地狱鬼神字眼的层面,只是归在"假谛"的性质上,它并不是"真谛"法理。假谛是为真谛服务的逻辑设置,假谛是逻辑学上最简单的一种表达方式,文学上称之为寓言的比喻法。假谛内容的逻辑命题确定就是"假"的,没人会认为寓言便是真实的,它只是一个假设。所以,假的命题所涉的内容物,如那鬼神天堂和地狱,都一并归于"非真"的。

　　佛教以明言拥有着寓言的"假谛",而成为其"非有神论"的理论证明。这种对经典应持的辩证态度,称之为"道谛"的中道观念。而"三法印"实际上就是归属于"道谛"的,真假谛上的修持者应当行于道谛。行于道谛、以"三法印"为鉴别的手段,揭示了人们在修行之路上,必须要重视到寓言内在的无神论特征,以及寓言假谛与理论真谛间有机的哲学关系。

　　简而言之,假谛内部所述的因果逻辑,是"非真"的;而真谛内部所揭示的因果,则是"非假"的。所以"三法印"要求人们在言行把握上如得鱼而忘筌,做到弃"非真"收获到"非假"。又如剥笋去壳的袒露真心,真谛入手而鬼神自无。因此,念读拥有丰富比喻内涵的大乘经典,"三法印"是自鉴与他鉴所必需经过的"道"!不能经过三法印勘验的神神叨叨言行,无论他名头多大,无有是处。

　　承认传统佛教辩证唯物主义的约束条款,这个"三法印"对我们修行人的指导作用,可以有效地提高自觉而觉他的能力。

　　以"诸行无常"、"诸法无我"、"寂静涅槃"来观察真理与否,是佛教传统里很好的学术习惯。事物的变化依缘的变动，也有各类的表达，变化是无常多样的。人们所总结出的事物法则，是不以个人"我"的意志改变的。真理乃是普被观察的可证共许。达到双方主客观的心服口服后，就必然会回归于身心的寂静。寂静了才是我们一期辩证修学的涅槃结局，才是修行之路的一个完美结束。

应该感谢百年前德国的哥德巴赫先生和他的"哥德巴赫素数猜想"，他的猜想题让我发现了新的逻辑议论结构——经典射影几何学平行线汇于焦点上的质数议论，对它的数论发现和逻辑学应用，让我能够很方便地统一分析那些精粗不一的逻辑形态。而过去，我不曾见到有这么一个简洁的方式，起码在佛教因明学上是不曾有过。我不敢专美于我所独知，也许对大家有用，供给大家分享。感恩本师佛陀的同时，也感谢我的恩师密参大和尚，是他亲手引我入了佛门，并亲自指点了我对素数猜想方向的因明学课题。感谢我的另一位师父，云居山大茅蓬的首座和尚传来禅师，是他亲自领众为我们做出坐长香的示范榜样，他那严厉的规矩训诫让我永生不忘却。我还要感谢我在社会上的朋友们，其中有学习佛法的众佛弟子、过去军校的同窗兄弟、上海书画界的朋友们，是他们为我的修行和研究提供了清净的修行生活条件和切实的物质基础。于此，我一并的以普利之心表示诚挚的回向。

释昌迦 2011 年 4 月 16 日写于海上静七茅蓬西窗下

图书在版编目(CIP)数据

中庸催眠术 / 昌迦著.
—北京：中央编译出版社，2013.11
ISBN 978-7-5117-1801-3

Ⅰ.①中…
Ⅱ.①昌…
Ⅲ.①中庸之道－通俗读物
Ⅳ.①B222-49

中国版本图书馆 CIP 数据核字(2013)第 237948 号

中庸催眠术

出 版 人	刘明清
出版统筹	薛晓源
责任编辑	董 巍
责任印制	尹 珺
出版发行	中央编译出版社
地　　址	北京西城区车公庄大街乙 5 号鸿儒大厦 B 座(100044)
电　　话	(010)52612345(总编室)　(010)52612366(编辑室)
	(010)66161011(团购部)　(010)52612332(网络销售)
	(010)66130345(发行部)　(010)66509618(读者服务部)
网　　址	www.cctphome.com
经　　销	全国新华书店
印　　刷	北京瑞哲印刷厂
开　　本	787 毫米×1092 毫米　1/16
字　　数	192 千字
印　　张	12.75
版　　次	2013 年 11 月第 1 版第 1 次印刷
定　　价	48.00 元

本社常年法律顾问：北京市吴栾赵阎律师事务所律师　闫军　梁勤
凡有印装质量问题，本社负责调换，电话：(010)66509618